Pilar Cerón Durán

La Musa del Desierto de Atacama, Chile

LA NOVIA
PEREGRINA

TIPS PARA ESTUDIAR INGLÉS

GRATIS EN LONDRES

Diseño de portada y contratapa: M. Cristina Camacho

Edición: Maite Ayala https://www.facebook.com/maite.ayala.77

Copyright © 2021 Pilar Cerón Durán

ISBN: 9798467141336

La obra literaria **La Novia Peregrina. *TIPS para* estudiar INGLÉS GRATIS en LONDRES,** es un libro inteligente.

¿Qué es un libro inteligente?

Es considerado un libro inteligente aquel que contiene en su interior determinados códigos QR y links, a través de los cuales es posible interactuar con el autor y acceder a información extra que enriquezca la lectura, como páginas webs, videos, fotografías, notas de voz, mensajes que escribe su autor, e incluso comunicación a través de *WhatsApp.*

Para acceder a los códigos QR, se debe capturar con una cámara, que puede ser la del teléfono móvil, el código QR que se encuentra en determinadas páginas, presionar lectura que aparecerá y eso dará acceso al enlace conectado.

Los lectores que deseen acceder a una mayor información y profundizar en los *TIPS* trascendentales, las escenas más importantes y divertidas que empleó Esmeralda, **La Novia Peregrina**, *como* estrategias para aprender inglés en Londres y conocer los entretelones de la obra literaria, tendrán el privilegio de compartir con la autora, algunos de los personajes y otros lectores, en una reunión Zoom mensual a realizarse el último día miércoles de cada mes, de 20:00 a 21:00 horas, hora

1

de Londres, Inglaterra, pudiendo participar quienes adquieran la novela ese mes y envíen una fotografía personal con el libro, vía email o *WhatsApp*.

DEDICATORIA

TIPS para estudiar INGLÉS GRATIS en LONDRES es un libro que está dedicado a todas aquellas personas, independientemente de su edad y país de origen, que sueñan con estudiar inglés en Londres, siendo esquiva hasta hoy, la posibilidad de concretar su tan anhelado sueño. Sin embargo, Esmeralda, ***La Novia Peregrina,*** les da a conocer los secretos, estrategias y *TIPS* para estudiar inglés gratis en la capital británica. Ahora de usted depende iniciar la alucinante, cautivante y sorprendente experiencia de empaparse de la cultura anglosajona y dominar el inglés británico.

AGRADECIMIENTOS

Mi más profundo agradecimiento es para todas aquellas maravillosas personas que he tenido el privilegio de conocer, quienes día a día enriquecen mi vida, nutriéndola de esplendorosas nuevas experiencias y sueños hechos realidad, experiencias que hoy plasmo generosamente en la saga *La Novia Peregrina* para utilidad de todos quienes se sientan identificados y llamados a leer mis obras literarias.

Y por sobre todo, mi gratitud infinita a mi madre, quien me enseñó a soñar y volar hasta el infinito y más allá, para hacer realidad mis sueños y alcanzar la felicidad.

ACERCA DE LA AUTORA

Pilar Cerón Durán

La Musa del Desierto de Atacama, Chile.

Nace en Pichidegua, Región del Libertador General Bernardo O'Higgins Riquelme, Chile, en 1963, siendo hija adoptiva de Copiapó, III Región Atacama. Realiza estudios universitarios en la ciudad de Concepción obteniendo el grado académico de Trabajadora Social, y luego en Copiapó se gradúa de Máster en Administración de Empresas, MBA. Creció en el campo, lo cual favoreció una conexión especial con la naturaleza y los animales. Desde pequeña tuvo facilidad para la escritura, reflejando una poderosa imaginación. *La Novia Peregrina.* *TIPS para estudiar INGLÉS GRATIS en LONDRES*, es el segundo capítulo de la saga *La Novia Peregrina*, obra literaria que, en su primer capítulo, alcanzó el sitial de Best Seller en Amazon, por su gran nivel de ventas en el Reino Unido, Estados Unidos de América, México y en otros países europeos como España e Italia, hecho que la indujo a traducir la novela a seis idiomas, siendo su versión original en español seguido de inglés, italiano, portugués, francés y árabe.

ENLACES CONTACTO CON AUTORA

E mail: pilarceronduran@gmail.com

Facebook Fan Page: https://acortar.link/ZAax1

Instagram: https://www.instagram.com/

Canal de YouTube: https://n9.cl/q8iw1

WhatsApp: https://wa.me/qr/CIUJYBAU73CWK1

Pilar Cerón Durán

La Musa del Desierto de Atacama, Chile

LA NOVIA
PEREGRINA

TIPS PARA ESTUDIAR INGLÉS GRATIS EN LONDRES

INTRODUCCIÓN

La obra literaria ***TIPS para estudiar INGLÉS GRATIS en LONDRES***, es una recopilación de estrategias y oportunidades para estudiar inglés en forma gratuita en la capital británica, información enriquecida con la experiencia de Esmeralda, **La Novia Peregrina,** quien ha tenido el privilegio y la gran oportunidad de estudiar inglés en Londres en tres academias diferentes, de forma interrumpida, durante un periodo de cinco años, con dos características que la hacen atípica, -aunque muy exitosa y un ejemplo a seguir- es una mujer de 50 años, quien a raíz de un quiebre que da a su vida, toma la gran y osada decisión de estudiar inglés por seis meses en tierras anglosajonas, emprendiendo viaje con un desafío que no la convencía para nada, al tener presente que le era casi imposible pronunciar una sola palabra en inglés. Sin embargo, en el fondo de su corazón, era la excusa perfecta para desconectarse de la agobiante carrera profesional y la rutina en la que se había transformado su vida de mujer divorciada, siendo su objetivo real el turistear, disfrutar y reencontrarse con ella misma, sentirse libre y gozar de la vida a plenitud, y qué mejor que en Londres, la capital más cosmopolita del mundo. Aquella decisión resultó un verdadero acierto, rompió el tabú de no poder hablar inglés, y tras varios y duros intentos logra dominar el idioma, se hace de innumerables amigos de diferentes países del mundo, conoce culturas exóticas, se reencuentra consigo misma, vuelve a sonreír e incluso se reencuentra con el amor e incluso se casa con un inglés, algo que no estaba en sus planes, y menos aún radicarse y formar un nuevo hogar en Londres, nada más ni menos que en el corazón del imperio británico.

La experiencia de Esmeralda es fascinante, inspiradora y prueba tangible de que los imposibles no existen, como estudiar inglés gratis en Londres; son trabas culturalmente inculcadas, que se adoptan y refuerzan a través de los años, desvaneciendo sueños y cortando las alas y ansias de volar truncando la vida de miles y millones de personas. Sin embargo, y si bien es cierto que los *TIPS* para estudiar gratis un idioma en el extranjero, y entre ellos inglés en Londres, están diseñados mayoritariamente para gente joven, con rangos de edad entre 15 y 19 años en el caso de los intercambios de estudiantes de Rotary, y de 18 a 30 años para los *Au Pairs*, existe infinidad de posibilidades de hacer realidad el sueño de estudiar inglés gratis en la capital británica, como por ejemplo, los intercambios entre personas adultas, donde un inglés se traslada al país de procedencia de quien viaja a estudiar un idioma al extranjero, es este caso a estudiar inglés a Londres, quien se hospeda en el hogar de la persona que toma su lugar en Londres y viceversa, así ambos se empapan de la cultura e idioma de los países en intercambio.

Para mayor claridad y ejemplificación del intercambio de una temporada es estadía entre adultos, en diferentes países, se recomienda ver la película *"The Holiday"*, protagonizada por *Cameron Díaz y Kate Winslet,* donde el personaje de Cameron hace un intercambio de casa con una mujer desconocida que contacta por internet para vacacionar, así su vida da un vuelco de 180 grados, al igual que la de Esmeralda. ¡Ah!, y para quienes piensan que, por haber pasado su curva de edad, ya no es tiempo de hacer realidad sus sueños, sería muy útil y recomendable que conocieran y siguieran las lecciones aprendidas de las aventuras y vivencias de la cincuentona Esmeralda, **La Novia Peregrina.**

Si de verdad su sueño es estudiar inglés gratis, o casi gratis en Londres, vaya a hacer las maletas y a comprar su pasaje, la capital británica le espera burbujeante prometiendo vivir una experiencia única e inolvidable, a tal punto que cuando termine su aventura, no querrá regresar a su país de origen y ni siquiera a su zona de confort porque habrá cambiado, será una nueva persona, con un horizonte sin límites y con ansias de vivir y gozar la aventura de la vida.

ÍNDICE

TIP N° 1

Determina para qué desea

estudiar inglés

—Adelante, por favor, buenos días, ¿dónde viaja? —la ejecutiva del counter de la línea área, en forma muy amable y esbozando una sonrisa, se dirigió a Esmeralda.

—Buenos días, señorita, estoy viajando a Londres, voy a estudiar inglés —responde con euforia Esmeralda.

—Ah, qué bien, felicitaciones. Su pasaporte, por favor.

—Sí, aquí está, tome mi pasaporte y mi pasaje.

Luego de revisar por algunos minutos los documentos e itinerario del vuelo en su computador, la ejecutiva le pregunta si lleva equipaje, a lo que Esmeralda responde:

—Sí, dos maletas y equipaje de mano.

Al colocar las maletas en la balanza, una pesaba 21 y la otra 27 kilogramos, ante lo cual la ejecutiva le comenta:

—Señorita, está excedida en el peso, el máximo permitido por cada unidad de equipaje son 23 kilos, y en una de sus maletas tiene 4 kilos sobre el límite, puede cancelar la diferencia de los 4 kilos extra o sacar el peso en exceso y colocarlo en la otra maleta que está más liviana.

—¡Ah, *sorry*, lo siento! Sí, voy a hacer lo que usted sugiere, sacaré y colocaré algunas cosas en la maleta más liviana — Esmeralda se retira a un costado del counter para abrir sus maletas y equilibrar el peso, mientras otros pasajeros realizan su chequeo. Una vez confirmado que efectivamente ambas maletas no exceden los 23 kilogramos cada una y la maleta de mano los 8 kilos permitidos, la ejecutiva le hace entrega de dos tarjetas de embarque e indica:

—Señorita Esmeralda, aquí están sus dos tarjetas de embarque, el número de su primer vuelo es el *LATAM 743,* aún no está asignado el número de puerta de embarque, lo darán a conocer a través de las pantallas de información una hora antes del vuelo, debe estar atenta y dirigirse a la zona de embarque que le asignen, el primer llamado será a las 11:45 horas, y si así lo desea puede ingresar a la sala de embarques.

—Muchas gracias, señorita, una consulta, tengo entendido que mi vuelo tiene una escala de 2 horas en Buenos Aires.

—Sí, efectivamente, tiene una escala en el aeropuerto Ezeiza de Buenos Aires, y es de 3 horas, no de 2.

—Ah, ¿y qué pasa con mis maletas? ¿Las tengo que recoger y trasladar al otro avión?

—No, su equipaje va directo a Londres, no se preocupe por sus maletas, usted las retira en el destino final de su viaje, es decir, en Heathrow, aeropuerto de Londres.

Así es como Esmeralda emprende vuelo a Londres, la capital del Reino Unido, a estudiar inglés por seis meses y vivir una experiencia única, colmada de aventuras, aprendizajes, historias y por, sobre todo, un gran sueño hecho realidad, y usted ¿qué espera para hacer realidad su sueño de estudiar inglés en Londres? No me diga que está esperando que termine la pandemia del coronavirus, mmmm le cuento que el famoso virus del *COVID 19* y todas sus mutaciones, llegó para quedarse.

Esmeralda, con su experiencia como turista en la capital británica, haber viajado a estudiar inglés por seis meses y en la actualidad radicada por casi una década en Inglaterra, da a conocer los TIPS más importantes y devela el secreto de cómo estudiar inglés gratis, o casi gratis, en Londres, además de algunas curiosidades a considerar, relacionadas con el clima, cómo reunir dinero y aprovechar la gran oportunidad para viajar, no solo dentro del Reino Unido sino por Europa y Asia e incluso más lejos, todo depende del espíritu aventurero y ansias por recorrer, conocer y conquistar el mundo. TIPS a tener en consideración antes de emprender el proyecto de estudiar inglés en la capital británica, un sueño anhelado por millones de jóvenes y adultos, y otros no tan jóvenes, como Esmeralda, por ejemplo, quien sin siquiera haberlo pensado jamás, e incluso negándose de plano, en un principio, a la sugerencia de su gran amigo Ricardo, se embarca en el maravilloso proyecto de estudiar inglés en Londres. Esta iniciativa terminó por dar un vuelco de 180 grados a su vida, se vuelve a enamorar y se casa en segundas nupcias con un inglés, hecho que estaba completamente descartado en su vida, se había jurado a sí misma "no volver a pisar el palito", expresión chilena que se refiere a no cometer el mismo error; se muda a la ciudad más cosmopolita del mundo y adopta el idioma inglés como su segunda lengua. Este idioma había sido una verdadera pesadilla durante sus estudios de secundaria, le resultaba casi imposible modular y pronunciar una sola palabra en inglés, y lo odiaba a tal punto que, al escuchar música, si transmitían alguna canción en inglés, en forma inmediata e instantánea, cambiaba la radioemisora por una donde la música fuera en español. Además, le pesaba e irritaba sobremanera bajar su promedio de calificaciones por su debilidad en inglés; hecho que no era así con el idioma francés, lengua que le gustaba tanto que se sentía mágicamente atraída por la voz de su profesor y la forma de pronunciar las erres, le resultaba un idioma muy romántico y sensual.

Al analizar la experiencia vivida por Esmeralda en el aeropuerto Arturo Merino Benítez en Santiago de Chile, se desprenden varios puntos de gran relevancia a tener en consideración, como por ejemplo, si el vuelo tiene escalas y de cuántas horas; dónde recoger las maletas o si se debe hacer trasbordo con ellas; seguro de viajes y visa de estudiante; dirección del lugar de estadía en Londres; persona de contacto en caso de una emergencia, entre otros temas que se analizaran uno por uno en este libro de TIPS para estudiar inglés gratis en Londres.

¿Para qué desea estudiar inglés?

¿Para qué desea estudiar inglés? Es fundamental saber y tener muy claro cuál es el objetivo de estudiar inglés, porque dependiendo del propósito se va a determinar dónde elegir tanto el lugar como la academia correcta para estudiar y en qué curso matricularse.

La oferta de academias, colegios y escuelas donde estudiar inglés en Londres es abismante y variada, son infinitas las posibilidades para elegir, siendo fundamental considerar no solo sus aranceles a pagar o si es gratis, sino también la acreditación, si los docentes son nativos, horarios de clases, tipos de cursos que imparten, ubicación, cercanías a una estación de transporte público, trenes y buses, actividades extra curriculares, entre otras variables.

Hay infinidad de razones e intereses por los cuales una persona desea estudiar inglés, desde aprender un segundo idioma para ampliar su nivel cultural, fines académicos, ingresar a una universidad, tramitar una visa, irse a vivir a un país de habla inglesa, motivos laborales, para viajar, hacer realidad un sueño, conocer gente y turistear, o simplemente hacer un break en su vida, como fue el caso de Esmeralda. Es fundamental tener muy claro el motivo de llevar a cabo tan importante proyecto, al respecto la oferta de cursos de inglés va desde:

- Cursos de inglés general.
- Cursos de inglés para negocios y profesionales.
- Cursos de inglés para fines académicos.
- Cursos de inglés para rendir tests como:

  - **IELTS** –*International English Language Testing System de Cambridge* /Sistema de prueba internacional de la lengua inglesa de Cambridge –examen de competencia obligatorio requerido por las universidades británicas para la admisión de estudiantes extranjeros cuya lengua materna no es el inglés.

  - **ESOL** –*English as a Second Language* / inglés como Segunda Lengua –examen de competencia para demostrar el nivel de inglés de un extranjero en diferentes situaciones, como por ejemplo, para solicitar una visa, optar a un trabajo, etc.

Las modalidades y horarios de estudios son muy variados, permitiendo el acceso de todo estudiante, independientemente de su disponibilidad de tiempo, horarios y recursos económicos; ofrecen cursos intensivos de jornada completa o medio día, pueden ser de mañana, tarde o vespertinos, por horas e incluso cursos *"one to one"*, es decir, un profesor por alumno.

Lo interesante del sistema de clases que tienen en general todas las *English School,* escuelas de inglés en Londres, es que se puede ingresar en cualquier fecha del año, porque es un sistema rotatorio, basado en libros guías base por niveles, desde el nivel más bajo hasta el más avanzado. Generalmente los días lunes, es el día de la semana en que se genera un gran movimiento con la llegada de nuevos estudiantes, quienes deben rendir un test para poder conocer el nivel de inglés con que se presentan y así ubicarlos en el curso correcto. Luego, se les invita a ingresar a la sala de clase correspondiente, donde el profesor los recibe y da la bienvenida, con la consiguiente presentación de quienes serán sus compañeros de clases y las típicas preguntas: cómo te llamas, de qué país eres y qué haces.

¡Ah!, un detalle importante a considerar: el profesor se encargará de sentar a los nuevos alumnos intercalados con estudiantes de diferentes nacionalidades, con la finalidad de evitar que hablen el mismo idioma, recomendación que se da desde el primer momento que ingresan a la escuela, instrucción controlada y estimulada a convertirla en hábito y que debe cumplirse en todo momento, incluso en los *breaks,* tiempos de descanso; y si un profesor detecta a uno de los alumnos hablando en su idioma materno, le llamará la atención y le pedirá que hable en inglés, actitud que rápidamente se hace realidad y más aún, al saber que el tiempo cuenta y que realmente es una gran oportunidad para practicar y aprender el idioma. Probablemente y de seguro, que se estará preguntándose cómo va a hablar en inglés con un coterráneo, sonará y se verá ridículo y más todavía al no saber hablar el idioma, sí, efectivamente puede resultar ridículo y absurdo, sin embargo, es la única forma de aprender: practicar y dejar de lado la lengua materna durante el periodo de estudios.

Una vez que se tiene claro para qué desea estudiar inglés, vienen los preparativos del viaje y he aquí un nuevo *TIP:* ¿dónde estudiar inglés y por qué Londres resulta tan atractivo para la gran mayoría de quienes se atreven a vivir la aventura?

Estudiar inglés en Londres

Una experiencia única y un sueño hecho realidad

24

TIP N° 2

¿Por qué estudiar inglés en Londres y no en otro lugar de habla inglesa?

Esmeralda no puede dormir y se desvela pensando cómo concretar su proyecto de estudiar inglés en Londres, se hace una y mil preguntas, empezando por cómo matricularse, si necesita o no visa de estudiante y cómo tramitarla, cuándo viajar, dónde hospedarse, al mismo tiempo que se siente muy emocionada y se imagina recorriendo las empedradas y viejas calles londinenses, sus palacios, castillos y museos. Inicia la búsqueda de respuestas a sus interrogantes a través en internet, se deslumbra y marea con tanta información, muy atractiva y por la gran variedad de ofertas de cursos de inglés, alucina viendo videos, se pasa horas y días en la búsqueda sin lograr tomar una decisión; luego trata de recordar qué personas conoce que hayan estudiado inglés en Londres y la puedan aconsejar. Se le viene en forma instantánea la imagen de su hija Victoria, quien fue a estudiar inglés por un año a Colorado, en USA, en un intercambio de estudiantes a través del Rotary Club. Esa fue una fabulosa alternativa que disfrutaron su hija y Kirana, una joven de 15 años procedente de USA, a quien recibió en su hogar, tomando el lugar de su hija, con todos sus derechos y deberes. ¡Ah!, pero esa alternativa, excelente y muy económica al ahorrarse los costos de estadía y alimentación, no es viable para Esmeralda por su edad, quien dejó de ser adolescente ya hace varias décadas y está a punto de cumplir nada menos que 50 años.

Descartada esa posibilidad, que sería gratis, sí porque los estudiantes de intercambio se insertan en el sistema de educación tradicional, donde al mismo tiempo de realizar su grado escolar aprenden el idioma, en tanto los padres de ambos estudiantes, asumen solo los costos de pasajes, seguro de viajes y extras. En la búsqueda de concretar su proyecto, Esmeralda se acuerda de algunos amigos, conocidos y compañeros de trabajo que han viajado a estudiar al extranjero, sin embargo, es otra opción que desafortunadamente debe descartar, por tratarse de becas de perfeccionamiento profesional, siendo uno de los requisitos para obtener el beneficio, precisamente el dominio del idioma inglés. Así se pasa días y noches navegando en el ciberespacio, donde encuentra una amplia y variada gama de oferta de cursos de inglés sin saber qué elegir. Finalmente, opta por tomar un paquete turístico y de estudios de inglés en el extranjero, preselecciona y se contacta con algunas agencias con sede en Santiago de Chile, luego se comunica con su hija Renata, a quien la hace partícipe de su proyecto; ambas visitan varias agencias de turismo, contratando un paquete turístico de estudios de inglés en Londres por 6 meses, que incluye pasajes aéreos, seguro de viajes, visa de estudiante, curso de inglés, matrícula, estadía e incluso contempla la tramitación del carnet de estudiante y de descuento en el transporte público.

Son tres las razones por las que Esmeralda decide estudiar inglés en Londres y no en otro país o ciudad de habla inglesa, descartando la posibilidad de hacerlo en algún país más cercano geográficamente e incluso más asequible en términos económicos, como por ejemplo, USA, Canadá u otro de habla inglesa: en primer lugar, si iba a romper con el paradigma de que no podía hablar inglés, se iba a esforzar por lo mejor de lo mejor, estudiar inglés británico, matricularse en una escuela de inglés en Londres, y estudiar en la cuna del inglés. El segundo motivo fue que al estar viviendo en el Reino Unido, se tiene una infinidad de posibilidades de viajar y conocer otros países, no solo los que forman parte del reino (como es Escocia, Gales, Irlanda del Norte e Inglaterra), sino además Irlanda y los países europeos, al ser posible viajar y relativamente económico cruzando el canal de la Mancha en ferry, tomando el Euro tren o viajando en avión, y el tercer motivo, fue su gran interés y pasión por la cultura, historia y tradiciones del extinto imperio británico, incluyendo a sus monarcas, la actual reina, Isabel II del Reino Unido, y pasando por el reinado del rey Enrique VIII, caracterizado por hechos tan insólitos que han cambiado al mundo, quien al no ser aceptada por el papa de ese entonces (Clemente VII) su petición de divorcio de su primera esposa, Catalina de Aragón, para casarse con Ana Bolena, decide separarse de la Iglesia Católica Apostólica Romana y crear la Iglesia de Inglaterra, regida por él mismo en su calidad de rey, desprendiéndose por completo de los lineamientos de la Santa Sede y del liderazgo del papa. Además, Esmeralda, alucina conocer de cerca el legado y fascinante vida y adoración popular de Diana, Princesa de Gales. Para sorpresa y desconocimiento de todos, hubo un cuarto y muy secreto motivo para viajar a estudiar inglés a Londres y no a otro sitio, la posibilidad de reencontrarse con Todd, su fulminante y apasionado amor.

En resumen, este segundo *TIP* acerca de las consideraciones a tener presentes para elegir en qué país y ciudad estudiar inglés es muy relevante, porque no es lo mismo hacerlo en USA que en Inglaterra o en Australia, y al optar por el Reino Unido, se debe tener en cuenta que existe una gran diferencia entre estudiar en *Londres* o en *Bristol, Liverpool y Bournemouth*, o en una de las dos famosas y prestigiosas ciudades universitarias como *Cambridge* y *Oxford*.

Al optar por estudiar inglés en el Reino Unido, y al mismo tiempo aprovechar la oportunidad para empaparse de su cultura, tradiciones, visitar museos, asistir a conciertos y teatros, entre otras entretenciones y lugares de interés, se enfrentará a la irresistible tentación de viajar fuera de Inglaterra, desde el aeropuerto más grande del Reino Unido, *Heathrow Airport,* con una conectividad excepcional de vuelos a cada minuto con destino a los lugares más recónditos de todo el mundo, gracias a una gran y competitiva oferta de aerolíneas pudiendo acceder a módicos precios, siendo un as navegando en internet, es posible conseguir las mejores ofertas y en especial, pasajes a precios no soñados de último minuto, como un pasaje a París ida y vuelta por tan solo 20 libras esterlinas, saciando su sueño de viajar y hacer realidad su sueño de visitar lugares como maravillosos como Ámsterdam, Venecia, Roma, Estambul, Berlín.

Efectivamente se deslumbrará con la variada e infinita oferta de vivir y disfrutar más allá de su gran aventura de estudiar inglés en Londres. Por otra parte, si gusta de la bohemia y el *glamour* de Londres, no habrá billetera ni tarjeta que resista las compras en *Oxford Street, Picadilly y Regent Street, o* si sueña con ver de cerca, a la reina Isabel II o a alguno de los miembros de la familia real, al estar cerca del palacio de Buckingham, existe una alta posibilidad de hacer realidad su sueño. Otro plus, es la gran oportunidad para conocer e interactuar con otras culturas, pues Londres es el corazón del Reino Unido, donde la combinación de etnias y culturas ha modelado la imagen de la ciudad más cosmopolita del mundo: se calcula que en el día a día se hablan más de 300 lenguas distintas, dato muy curioso porque, a la vez, ha sabido prioridad conservar sus tradiciones centenarias, que se mantienen hasta nuestros días, como conducir por la izquierda o la costumbre de tomar el té a las 5 de la tarde y ni pensar en cambiar las libras esterlinas por el euro, su identidad es intransable.

En Londres, se tiene prácticamente todo al alcance de la mano, para disfrutar en plenitud una estadía, incluso en calidad de estudiante. Tenga presente y prepárese, que la aventura que emprenderá no tiene fin ni límites.

El arte y la cultura, son otro gran plus al estar en Londres, donde hay una gran variedad de museos, en su gran mayoría de acceso gratuito, como el Museo Británico, *National Gallery*/Galería Nacional, *National Portrait Gallery*/Galería Nacional de Retratos, Museo de Historia Natural, *Tate Modern,* o el Museo de Victoria y Albert; y si tiene interés y curiosidad por conocer entretelones y empaparte de la historia, leyendas, dramas e intrigas de las monarquías británicas, no hay mejor lugar para ello que visitar la Torre de Londres, además de la abadía de *Westminster,* el *Banqueting House*/Casa de Banquetes y

31

el *Whitehall*/Salón Blanco, aledaños a las caballerizas de la reina. También es recomendable visitar las Casas del Parlamento británico, o simplemente dejarse perder por las empedradas callejuelas londinenses.

Entre las atracciones y actividades turísticas más emblemáticas y de interés para todo visitante de Londres, está la fascinante experiencia de la vista panorámica de la ciudad desde el *London Eye,* tanto de día o de noche e incluso disfrutando una copa de champaña; fotografiarse en una clásica y típica caseta telefónica y/o taxi inglés, son imágenes envidiables por cualquiera que sueñe con tener el privilegio de visitar o mejor aún, vivir la experiencia de estudiar inglés en Londres. Así mismo, es un clásico, fotografiarte frente al *Big Ben* teniendo de fondo las Casas del Parlamento y una vista del río Támesis. A propósito, no sueñe con subir a la torre del *Big Ben,* porque sufrirá la misma decepción de Esmeralda cuando Terry, como gran regalo, le hace una inesperada y alucinante invitación:

—Mi amor, aprovechando que trabajo en las Casas del Parlamento, ¿qué te parece si mañana, antes de ir a cenar, te invito a subir a la torre del *Big Ben?*

—¡¡¡Guau!!! ¿En serio? ¿Me estás invitando a subir al *Big Ben?* ¡Guauuuuuu, sería maravilloso, jamás habría pensado que era posible subir a la torre del *Big Ben!*

—Sí, por supuesto que se puede subir al *Big Ben.*

Esmeralda lo interrumpe exaltada preguntándole:

—¿Tú has subido al *Big Ben?*

—Sí, por supuesto y en más de una oportunidad, sin embargo, no es un lugar turístico abierto al público, es un beneficio para quienes trabajamos en el Parlamento, es un verdadero privilegio.

—¡Guau, sí, me encantaría, muchas gracias!

Al día siguiente, Esmeralda se asegura que las baterías, tanto de su teléfono como de la filmadora, tengan carga al 100% para tomar fotografías y grabar tan extraordinaria experiencia, en tanto Terry habla con su jefe acordando la visita a la hora de salida de su trabajo. Esmeralda, una vez más, camina deslumbrada por los antiguos y majestuosos pasillos y el gran salón del Parlamento británico, tomada de la mano de su esposo sonríe como una niña mientras los acompaña un guardia hasta las dependencias de la base de la torre del *Big Ben,* donde se encuentra un funcionario de turno, quien los saluda amablemente y con familiaridad, luego les solicita sus credenciales; al detectar que Esmeralda es de nacionalidad extranjera, se dirige a Terry y con voz serena y compungida le informa:

—Lo siento, señor, pero su esposa no puede subir a la torre del *Big Ben...* —Terry sorprendido, lo interrumpe preguntando:

—¿Ah? ¿Por qué no, si ella es mi esposa? —mientras aprieta firmemente la mano de Esmeralda, quien no entendía nada de lo que estaba sucediendo.

El funcionario del Parlamento respondió apesadumbrado:

—Realmente lo siento, sin embargo, subir a la torre es un privilegio que está reservado solo para los ciudadanos británicos.

Terry, con su falta de carácter y avergonzado, se despide indicando a Esmeralda que se deben retirar. Acto seguido, mientras se alejan por uno de los sombríos y fríos corredores del milenario edificio, Terry le explica a Esmeralda, que lamentablemente ella no tiene derecho a subir a la torre por no ser ciudadana británica, sin embargo, lo podrá hacer una vez que haya obtenido la nacionalidad británica. Esmeralda se descoloca, invadida por una mezcla de impotencia y frustración y la sensación de ser discriminada. Terry la invita a servirse una copa de su *whisky* favorito en uno de los bares del Parlamento, pero ni con una botella entera Esmeralda iba a tranquilizarse y dejar de sentirse rechazada, por no decir discriminada, a lo que Terry insiste que son leyes inglesas y que están hechas para cumplir sin excepción. Así es, en el Reino Unido las leyes se respetan a cabalidad, al menos eso pareciera.

Continuando con los atractivos que hacen tan alucinante e inolvidable una visita y/o estadía en la capital británica, están sus maravillosos parques, con jardines multicolores provistos de exuberantes flores cultivadas en forma armoniosa y finura elegancia que parecen un edén, con una fragancia embriagadora; en tanto las típicas ardillas son regaloneadas por cuanto turista camina por los parques, dándoles de comer maní y tratando de tomarse una fotografía comiendo en sus manos;

las lagunas son el paraíso de infinidad de patos, gansos y cisnes, que se reproducen por doquier, todos de propiedad de la reina, la caza de las aves al igual que la pesca, es ilegal y penada con severidad. El espectáculo del cambio de guardia en el *Palacio de Buckingham* y los gigantescos leones de la emblemática plaza de *Trafalgar Square,* son espectáculos y visitas imperdibles, en fin, ¡todo y más! ¡Ah!, y ni hablar de las noches londinenses, el colorido y luminosidad de las calles céntricas como *Picadilly Circus, Regent Street, Oxford Street, Chinatown   y Covent Garden,* para bailar no hay nada mejor que Soho, colmado de bares, lugares de entretenimiento y bullentes discotecas llamadas night-clubs, y si gusta de la música en vivo y disfrutar de la adrenalina excitante de los conciertos de rock y los típicos musicales, es recomendable que antes de viajar revise la cartelera y compre con anticipación los *tickets,* para vivir y gozar la gran experiencia de ver a su artista favorito en uno de los centros de espectáculos más famosos como es *O2,* con capacidad para 20.000 personas, *Wimbledon Arena* y los teatros para disfrutar de clásicos como *El fantasma de la Ópera, Los miserables, Mamma Mía,* entre otras obras que llevan años y años en cartelera, además de eventos deportivos. Ah, los *tickets* se compra con mucha anticipación y se acostumbra planificar todo con adelanto, es una característica muy propia de los británicos, quienes acostumbran planear todas sus actividades con meses e incluso años de antelación, aspecto cultural ajeno a la idiosincrasia latina de Esmeralda, a quien le resultaba muy difícil de asimilar, ocasionándole más de un inconveniente, como el no asistir a una ceremonia, a una importante reunión y perderse el concierto de uno de sus artistas favoritos y nada menos que en *O2*: Esmeralda compró con más de un año de anticipación un *ticket* carísimo para ir a disfrutar del romanticismo y *country music* de *Kenny Rogers*, concierto al que no asistió por olvido, pues ¿a quién se le ocurre comprar los *tickets* con más de un año de anticipación?, solo a los británicos, a quién más, no a un chileno, que hace y decide todo última hora y de un minuto al otro, sin planificar y ni siquiera pensarlo, con la plena convicción de que sin planear resulta mejor, y así es, al menos para Esmeralda, bueno, y desde entonces cada vez que escucha su canción favorita de *Kenny Roger "She is my lady",* es inevitable no sentir la mezcla de rabia y frustración, más aún al estar ese día viernes en casa, a solas y con deseos locos de salir a divertirse. A partir de ese hecho, aprendió a colocar alarma en su agenda digital, como ayuda de memoria para que ese desafortunado olvido no se repitiese, y se acostumbró a planificar sus actividades con anticipación, pudiendo así disfrutar del romanticismo de *Chris de Burg* con su famosa canción *"Lady in red",* la música pop de Madonna, su alucinación por *IL DIVO, Kenny G* y acompañando a su príncipe del siglo XXI a infinidad de *gigs* y conciertos de *rock*, estilo musical que siempre había rechazado de plano y hoy por hoy, está empezando a disfrutar.

A menos de dos horas de Londres, viajando en coches (buses para turismo y viajes especiales) o en tren, existe una infinidad de lugares maravillosos para visitar, desde los parajes sin fin a la vista y de un verdor intenso que caracteriza a la campiña inglesa, territorio provisto de un antiquísimo legado de castillos y fortalezas, testimonio vivo de la grandeza tanto del imperio romano como anglosajón, además de ruinas arqueológicas de templos y santuarios construidos en piedras gigantescas como *Stonehenge*; otro atractivo turístico a visitar, de gran riqueza histórica del periodo romano, es la ciudad de *Bath* y disfrutar en *The Roman Baths*. Y si es amante del *whisky* y la música escocesa, se deleitará degustando todo tipo de destilados en el museo del *whisky* de *Edimburgo*, llamado *The Scotch Whisky Experience Edinburgh*, se le hará la noche día y amanecerá recorriendo bares e infinidad de tabernas, podrá disfrutar la música y el folklore escoceses y de día conocer el castillo de *Edimburgo*. En Inglaterra, una residencia real que se puede visitar es el hermoso castillo de *Windsor*, así como los castillos de *Warwick, Bamburgh y Alnwick,* por nombrar algunos, además de *Hampton Court Palace*. En algunos de los castillos y palacios hay vestimentas de antaño a disposición de los turistas, quienes son invitados a vestirlas para tomarse fotografías y usar durante el recorrido por las dependencias, también se puede participar en los *shows* que realizan actores, en relación con los monarcas que habitaban el inmueble dando a conocer aspectos de la vida diaria, festejos, ceremonias y batallas acaecidas.

Para quienes son fans de la legendaria banda de *rock* que hizo furor en los años 60, *The Beatles,* no pueden perder la oportunidad de visitar *Liverpool,* ciudad donde se dieron a conocer y saltaron a la fama. Adentrarse en *The Cavern Club,* el pub de *the Beatles en Liverpool,* y al museo llamado *The Beatles Story Experience* y posar junto a las estatuas de los *Four Fab* en tamaño natural: dan para recorrer y disfrutar más de un fin de semana.

¡Ah!, y si extraña la brisa marina, a tan solo una hora de viaje desde Londres está Brighton, una hermosa ciudad costera, cuya playa está cubierta de pequeñas piedras, cantos, rodados y guijarros; también se puede visitar *Southend, Leigh on Sea beach, Clacton y Chalkwell*. De seguro, se sorprenderá si a la llegada a una de estas playas, se encuentra con un panorama desolador tipo *post tsunami*, con los barcos, botes y yates suspendido en el lodo sin una gota de agua a su alrededor: se debe al ciclo de la marea, si es alta o baja, las aguas en general son turbias al estar la mayoría de las playas alimentadas por el río Támesis y el canal de la Mancha. No así en la zona central de Inglaterra y *Cornwall*, donde las playas son de arena dorada y aguas cristalinas y templadas, al estar formadas por corrientes del mar del Norte y el canal de la Mancha.

En fin, por eso y otras variables, Esmeralda asertivamente decide estudiar en Londres, recorriendo y disfrutando no solo de la capital e Inglaterra en su conjunto, sino que también aprovecha la oportunidad para conocer Gales, gracias a la invitación de una compatriota para disfrutar de las fiestas de año nuevo. Sus zapatitos rojos la hacen vivir experiencias de ensueño, transportando e imbuyendo del romanticismo del carnaval de Venecia y conocer Padua, Pompeya y Capri en la hermosa Italia; gracias a la simpatía y buena suerte de

Esmeralda, un compañero de clases de inglés, la invita a pasar una semana en casa de sus padres en Estambul, Turquía, oportunidad que la enfrenta a una cultura muy diferente a la latina, caracterizada por la religión musulmana, las mezquitas y el uso de turbantes para las mujeres, recorre el Gran Bazar y la frontera que divide Turquía con Grecia y Bulgaria, de noche se visualiza con gran claridad el cordón fronterizo que separa a los tres países entre sí.

Esmeralda además visita la tierra de *Tutankamón* y las pirámides de Egipto en El Cairo, aprovechando las vacaciones de navidad, se baña por primera vez en el mar Rojo y recorre el desierto de *Sharm El Sheikh* en camello y en un jeep tipo safari.

Estudiar inglés en Londres, definitivamente, es el lugar ideal si su interés es aprender inglés británico y vivenciar la cultura anglosajona.

TIP N° 3

Aspectos a considerar a objeto de facilitar el aprendizaje del inglés británico

- Acostumbrarse a escuchar e intentar imitar el acento británico:

Antes que todo, es muy importante tener presente que existen grandes diferencias entre el inglés británico y el americano, también respecto al australiano, no solo en la pronunciación sino en el vocabulario que utilizan y la entonación con la que hablan. En términos generales, los ingleses hablan más suave, usan un estilo señorial, elegante y formal, siendo más reservados e incluso se les suele tildar de fríos, a diferencia de los estadounidenses, quienes hablan en un tono más fuerte, usando vocabulario cotidiano, caracterizándose por comunicarse en forma muy natural y activo el lenguaje corporal.

Un dato curioso, se podría decir que existe un cierto grado de rivalidad entre los ingleses y los estadounidenses con respecto a la forma de hablar el idioma, generando incluso bromas entre ambas culturas angloparlantes, como por ejemplo: es habitual escuchar comentarios sobre una broma, que sucedió en Londres, se dice que un cierto día… un guía turístico estaba realizando un *city tour* por las calles céntricas de la capital británica; tras presentarse al grupo, pregunta de qué nacionalidad son los turistas, responden que provienen de diferentes países, y entre ellos una pareja de estadounidenses, a los que el guía se dirige en tono de broma:

–¡Ah!, ustedes de seguro que vienen a aprender a hablar inglés al Reino Unido.

Otra reacción muy común y que llega incluso a ser majadera, es la que tienen los profesores de inglés en Londres, en particular los docentes nativos del imperio, es la de corregir a sus estudiantes cuando han adquirido algún grado de inglés y vocabulario norteamericano, palabras que no se utiliza de la misma forma en el Reino Unido. Por ejemplo, he aquí algunos vocablos usados en América y rechazados por los ingleses:

➤ *Film* (GBR) vs. *Movie* (EE UU): película.

➤ *Lift* (GBR) vs. *Elevator* (EE UU): ascensor.

➤ *Holiday* (GBR) vs. *Vacation* (EE UU): vacaciones.

➤ *Biscuits* (GBR) vs. *Cookies* (EE UU): galletas.

➤ *Boot* (GBR) vs. *Trunk* (EE UU): maletero del auto.

➤ *Trousers (*GBR) vs. *Pants* (EE UU): pantalones.

Otro tema es el de la pronunciación, por ejemplo, la letra "R" en general no se pronuncia o lo hacen muy suave, casi imperceptible, en cambio, los estadounidenses la tienen bien marcada e incluso la pronunciación de la letra "T" suena como "R", a lo que los profesores reaccionan en forma instantánea corrigiendo a sus alumnos al escucharlos decir:

—We are going to a "pary" —indicándoles cambiar la letra R por T, *"party"*.

Otra diferencia, que para los ingleses es tomada como una grave falta gramatical, es cuando omiten la pronunciación de una letra, en una palabra, situación que sucede con los números, por ejemplo, donde dicen en inglés americano:

➤ *Twenny* y no *twenty* (Veinte) omitiendo la pronunciación de la letra T.

➤ *I wanna*, en vez de decir *I want to* (Yo quiero).

En fin, todas esas diferencias del habla, son consideradas erróneas y catalogadas como un inglés muy deficiente. Aunque también hay algunos ingleses, en particular jóvenes, que han adquirido algunos modismos del inglés americano, probablemente a través de la música y las películas. Otro tema, de gran relevancia, es que una misma palabra, puede tener infinidad de significados y usos, pudiendo generar confusión al asociar la palabra con un solo significado y tratar de buscar otra distinta para referirse a una cosa, objeto o acción diferente. He aquí un par de ejemplos:

➤ *Fine:* bien, fino, multa, delicado, bravo, sutil, bueno, etc.

➤ *Even:* incluso, aún, igualar, hasta, nivelado, liso, par, constante, etc.

Otra situación muy sutil con el vocabulario inglés británico, es la existencia de las palabras que se escriben igual y que representan significados distintos y otras, se escuchan similar teniendo solo una pequeña diferencia en la escritura, sin embargo, su significado es absolutamente distinto e incluso pueden referirse a conceptos que podrían ocasionar más de una situación embarazosa al emisor, por no decir un problema. Algunos ejemplos:

➤ *Excuse me, I need a rubber, can someone please lend me one?*

(Disculpe, necesito una goma, ¿alguien puede prestarme una, por favor?).

47

Rubber en el Reino Unido se entiende que es una goma de borrar. No obstante, es más común escuchar *eraser* y no *rubber*, porque se asocia al inglés americano; hasta aquí vamos bien, el tema es que *rubber* en USA significa condón, siendo posible interpretar, en el ejemplo anterior, que el joven está pidiendo un condón, más aún si lo solicita un hombre, y al término de una clase en un día viernes, un verdadero chascarro en el hipotético y casi seguro escenario, que tienen planeado ir a disfrutar en los bares y *night clubs* de *Soho*. Por lo que el joven estaría solicitando otra cosa muy diferente a una goma de borrar, se entendería así:

—Disculpe, necesito un "condón", ¿alguien puede prestarme uno, por favor?

A propósito, a Esmeralda siempre le ha causado muchísima inseguridad pronunciar playa y tenedor, evitando a toda costa usarlas. Resulta que estando en una de sus primeras clases de inglés en Londres, en forma muy natural y en voz alta, frente a todos sus compañeros de clases, lee en el pizarrón una frase al ser interrogada por su profesora, generando una risa generalizada; la docente vuelve a repetir la frase, pronuncia con mayor claridad y solicita a su alumna que la repita, volviendo Esmeralda a generar la risa colectiva. Con esmero y paciencia, la profesora vuelve a pronunciar y a modular con notable exageración la palabra y Esmeralda una vez más la pronuncia en forma errónea; a todo esto, ella no entendía por qué sus compañeros, e incluso la profesora, se reían tanto, hasta que su amiga y compañera de asiento, le da la respuesta:

—Esmeralda, *you are saying "bitch" to Miss Poppy.*

(–Esmeralda, le estás diciendo perra a la profesora).

—*What? Are you crazy? I would never ever tell bitch to Miss Poppy.*

(¿Qué? ¿Estás loca? Nunca, jamás le diría perra a la señorita Poppy).

—*Yes, you are. (Sí, tú lo estás diciendo.)*

—*¡¡¡No!!! Never ever. (¡¡¡No!!! Nunca jamás)*

Miss Poppy interviene riéndose y explica la situación a Esmeralda y a todos los alumnos:

—Lo que sucede, mi querida Esmeralda, es que al pronunciar la letra "T" en *Beach*, que significa playa, se escucha *Bitch*, es decir, perra. Entonces, lo que le pido que lea es:

—*This weekend I'm going to a beach.* (Este fin de semana me voy a la playa).

—*And you are reading…* (Y tú estás leyendo)

—*This weekend I'm going to a bitch*. (Este fin de semana me voy a la perra, puta, zorra, bruja).

Esmeralda queda atónita y muerta de vergüenza, roja como un tomate y transpirando como caballo de carrera, deshaciéndose en disculpas ante su profesora favorita.

Miss Poppy le explica a Esmeralda y a toda la clase, que son dos palabras diferentes, sin embargo, al estar mal pronunciadas, se escucha como si fuese otra palabra, oyéndose "perra" y no "playa". *Miss Poppy* hace énfasis en la importancia de leer bien y pronunciar correctamente, aprovecha la oportunidad para recordar que también deben tener cuidado en pronunciar la *"TH"*, ya que por ejemplo los lusófonos, por no existir el sonido de este dígrafo en el portugués, tienden para pronunciarlo erróneamente como si fuera una *"F"*, por ejemplo, en lugar de decir *"with"*, con la *"TH"* pronunciada con la lengua entre los dientes, la pronuncian como si fuera *"wif"*. Errores similares ocurren con alumnos provenientes de otros países como Italia, Francia, Alemania, República   Checa, al mantener rasgos muy marcados de su lengua materna, los que son superados con la práctica y en algunos casos más extremos, con clases *one to one* y de fonética.

Miss Poppy, prosigue:

—Se debe tener mucho cuidado al momento de pronunciar, si bien algunos errores de pronunciación se pueden pasar por alto aunque esté mal pronunciada, al entenderse lo que se quiso decir y considerando el contexto de la conversación, como por ejemplo, cuando Esmeralda dijo *"bitch and not beach"* (perra y no playa), en una conversación coloquial fácilmente hubiese podido entenderse que quiso decir playa y no perra, sin embargo, aquí estamos aprendiendo inglés y no puedo dejar pasar esos errores –culminó *Miss Poppy*.

¡Ah!, y respecto al temor de Esmeralda de usar la palabra "tenedor", es por la cercanía en su pronunciación y como se escucha con decir joder o follar:

> *Fork* es tenedor.
> *Fuck* es joder, follar.

El otro par de palabras que le juega en contra a Esmeralda, a raíz de su pésimo oído y por eso le resulta extremadamente difícil aprender otro idioma y en particular inglés, y de cantar ni hablar, ahí sí que todo el mundo se tapa los oídos o sale arrancando para no escucharla, bueno, las palabras son:

> *Sheet and shit* (hoja y mierda/excremento)

Ambas palabras se pronuncian muy similar, salvo por la excepción de que "*sheet*" tiene dos "E", por lo que se pronuncia un poquito más largo que "*shit*". En fin, no es necesario dar ejemplos, hablan por sí solas.

No hay que preocuparse si no se logra hablar con la misma entonación y fonética que los ingleses u otras personas de habla inglesa, lamento decir que no se logrará, a no ser que se tomen clases de fonética y/o se tenga una gran habilidad para hablar inglés; es un tema de cuna, de origen, de lengua materna, es la misma situación con un extranjero que hable español u otro idioma, no se le escucha igual que a un nativo, incluso a pesar de vivir años y años en un país de la nueva lengua que adquiere y practica a diario. Bueno, siempre es posible encontrarse con excepciones que rompen la regla, además dependiendo de la zona geográfica en que vivan las personas, pueden hablar y escuchárseles muy diferente, evidenciándose distintos tonos, pronunciaciones e incluso usando distinto vocabulario, dichos y frases muy propias de la cultura local, que los caracteriza y hace diferentes de los demás.

- **Comunicación solo en inglés:**

Una de las primeras cosas que sorprende al estudiar inglés en una *English School* en Londres, es el hecho de que independientemente de que el alumno no sepa hablar ni una sola palabra en inglés, los profesores y todo el personal se comunicará exclusivamente en el idioma inglés, estrategia muy efectiva que presiona a los estudiantes a esforzarse para entender y darse a entender. Sí o sí se vive la experiencia, al ser imprescindible comunicarse, a pesar de que no se haga en forma correcta al principio.

• Practicar y hablar inglés día y noche:

El gran secreto para aprender inglés, y cualquier idioma, es practicar y hablar inglés todo el día, dejando de lado la vergüenza y el miedo a hacer el ridículo; esa es la mejor estrategia para aprender inglés y aprovechar al máximo la estadía en Londres. Vencer el miedo y atreverse a hablar, es fundamental, y olvidarse del temor a hacer el ridículo, los compañeros de clases tampoco saben hablar inglés, están aprendiendo y cometiendo muchos errores, quizás no se les entienda bien y no sepan construir frases en forma correcta, sin embargo, lo están intentando y cada día lo harán mejor, es como cualquier aprendizaje, la práctica hace al maestro.

• Evitar compartir con personas que hablen el mismo idioma:

En este sentido, evitar reunirse y compartir con personas que hablen el mismo idioma, porque, aunque se comprometan hablar entre ellos solo en inglés, será inevitable y no se darán ni cuenta, cuando estén conversando en su idioma materno, además es muy habitual que cuando no puedan decir una palabra en inglés, de inmediato usen el equivalente en su idioma, por ende, no aprenderán a hablar inglés y perderán la oportunidad de hacerlo estando en la cuna del inglés británico. Evitar reunirse con sus compatriotas, es otro TIP muy eficaz, al hacerlo sin duda que se divertirán, sin embargo, atentarán en contra de su proyecto de aprender inglés el que inevitablemente se verá postergado. Bueno, como en todo orden de cosas hay excepciones, es posible que se reúnan con sus coterráneos, en fechas memorables como la celebración de fiestas patrias, la independencia de su país, una efeméride importante, y para qué decir, reunirse con ocasión de un partido de fútbol entre la selección de su país y la inglesa, o una competencia internacional, como un partido de preselección   o un amistoso en vías de la Copa Mundial de Fútbol, en el caso que gustes de ese deporte, sin dejar de mencionar la celebran de un cumpleaños, navidad, en fin no faltará la ocasión.

● Realizar trabajos voluntarios:

Esmeralda, provista de una gran sensibilidad social y de personalidad fuerte, para quien no existen los no como respuesta a sus inquietudes y proyectos, menos aún los imposibles ni las puertas cerradas, de carácter alegre, juvenil, espontánea, muy sociable y proactiva, a su llegada a la capital británica se presentó ante el consulado de Chile en Londres y se ofreció como voluntaria para lo que fuese necesario en pro del bienestar de sus compatriotas, ofrecimiento respaldado por su experiencia y dilatada trayectoria de trabajadora social en el servicio público y amor al prójimo, son virtudes que la caracterizan e involucran en forma activa y permanente en la realización de trabajos voluntarios. Es recibida y acogida con gran cariño, orgullo y gratitud, en la oportunidad el canciller consular comenta:

–Nos encanta y enorgullece recibir y contar con chilenos como usted, aquí en el Reino Unido de Gran Bretaña y más aún cuando están dispuestos a colaborar. Además, recibió un par de sabios consejos, como acostumbrarse a salir todos los días, a pesar e independiente de las malas condiciones climáticas y, no reunirse ni aceptar invitaciones de sus compatriotas, porque de lo contrario, lo pasará muy bien, se divertirá asistiendo a fiestas, comilonas y asados, pero hablando solo en español y cero palabras en inglés. Consejos que toma al pie de la letra, reuniéndose con sus compatriotas en solo un par de ocasiones y con motivos muy especiales. Es así, como participa con sus coterráneos solo en un par de ocasiones, al ser invitada a la celebración de fiestas patrias y a la ceremonia de la publicación de un libro.

Realizar trabajos voluntarios es una excelente forma de conocer gente y practicar el inglés, la comunidad inglesa se caracteriza por realizar y promover el trabajo voluntario a través de organizaciones y fundaciones de caridad: creadas, lideradas y operadas por un centenar de personas provistas de una infinita generosidad, altruismo y amor por el prójimo en situación desventajosa, los animales y el medio ambiente, existiendo un sin número de organizaciones de caridad como:

✔ *Charity shops:* son negocios donde se venden artículos para el hogar y de uso personal e incluso mobiliario de segunda mano, provenientes de donaciones, el dinero recaudado se utiliza para financiar fundaciones de apoyo a pacientes de cáncer, a quienes requieren donación de órganos, cirugías al corazón, niños huérfanos, adultos mayores, veteranos de guerra, y también fundaciones protectoras de animales, y no solo de perros y gatos, también de caballos, burros, gallinas y gallos, entre otros animalitos y aves, los son abandonados y tirados a la calle una vez que terminan su vida útil y productiva o sus amos se cansan y optan por deshacerse de ellos; felizmente algunos animales y aves, son rescatadas para evitar que sean sacrificados.

✔ **Museos y monumentos públicos:** operan en forma general y mayoritaria, en base a servicios de voluntarios y un reducido personal remunerado.

✔ **Eventos públicos** con fines benéficos, culturales y de gobierno como: la maratón de Londres, cumpleaños de la reina, conmemoración de efemérides, conciertos, *shows*, actividades deportivas, entre otros, los que requieren miles de voluntarios.

✔ **Colegios y residencias** de ancianos, niños y personas con discapacidades.

✔ **Eventos de la monarquía**, como el cumpleaños de la reina Isabel II, algún matrimonio, etc.

En fin, son múltiples las opciones de hacer trabajos de voluntariado, ya sea por días, horas, en forma permanente o temporal. Otras instancias de ayuda a la comunidad británica, han surgido a raíz de nuevas demandas, como es la pandemia del Covid-19, donde miles de profesionales del área de la salud jubilados, se reincorporan en forma voluntaria a objeto de reforzar el déficit de personal de salud en hospitales y centros habilitados tanto para la entrega de información, como aplicar tests y atender a los pacientes infectados. Sumando a miles de personas que se ofrecieron para realizar labores de conducción de vehículos del servicio público de salud, otros para repartir alimentos, acompañar y visitar a enfermos y ancianos, realizar sus compras y/o hacer llamadas telefónicas a diario, no solo para saber cómo habían amanecido y si requerían de algún tipo de ayuda, llamando a diario para conversar, estrategia implementada para el apoyo a la salud mental, siendo fundamental contar con voluntarios que hablen otros idiomas, no solo inglés.

- **Asistir a todo evento y actividad sea posible:**

Respecto al fútbol, caracterizada Esmeralda, por su personalidad siempre tan osada e intrépida, va junto a su príncipe del siglo XXI al *Wembley Stadium* a disfrutar de un partido amistoso entre la selección chilena y la inglesa, en vías a la *World Cup*. Al ser Terry inglés y tener adhesiones al estadio, se sientan en la banca inglesa, ella vestida de rojo y luciendo con orgullo la camiseta de la "Roja de todos", –es como se le llama a la selección chilena de fútbol es llamada en Chile– y el gorro regalón de su equipo de fútbol Colo Colo, el eterno campeón, sumado a una bandera chilena de tamaño gigantesca. Va todo el trayecto luciendo su pinta de chilena y comentando con quienes le sonreían o se dirigían a ella, que sí o sí la selección chilena iba a ganar el partido de fútbol, además de gritar un C. H. I., ¡¡¡Chiii chiii leee leee, Viva Chile!!!, grito de apoyo a los deportistas chilenos, en el que era acompañada por más de un inglés y algún compatriota que aparecía en forma casi instantánea y mágica al escuchar el grito de guerra y ver la bandera chilena en el tren, en las calles londinenses y en las afueras del estadio. A todo esto, Terry le advertía una y otra vez, que fuera moderada con su algarabía y muestras de fan de la selección chilena, porque al estar sentados en el sector de los ingleses no sería muy bien visto e incluso podría ser de mal gusto. Esmeralda aceptó a regañadientes, caminó entre las graderías con discreción manteniendo a su pesar, su amada bandera chilena enrollada, entonó con fuerza, orgullo y emoción el himno nacional, acto que los ingleses observaron con respeto y podría decirse que con un dejo de admiración. Transcurridos tan solo unos 15 minutos del primer tiempo, Alexis Sánchez hace su primer golazo, y de forma automática se paró de su asiento y al mismo tiempo gritaba de alegría y movía su inmensa bandera chilena de lado a lado, alegría que le duró solo un par de minutos.

—*My love, please, take a seat and be considerate to us, and don't forget that you and I are sitting in the English fan's stands.* —("Mi amor, por favor, toma asiento y sé considerado con nosotros que somos ingleses, y recuerda que tú y yo estamos sentados en el sector de los británicos").

Se lo pide Terry con voz compungida, al mismo tiempo que con ternura y vergüenza por sus compañeros ingleses. Ella responde:

—*Sorry*, es que estoy tan feliz, si fue un súper golazo, no hay como Alexis Sánchez.

Así fue como la hizo callar y que se mantuviese sentada, aunque de vez en cuando era inevitable que se parara como resorte de su asiento y gritara de alegría, eso sí, jamás un mal comentario en esas situaciones bochornosas de una mala jugada o pérdida de un buen paso que iba directo al arco, se quedaba calladita dejando a los ingleses disfrutar de su efímera alegría y esperanza de que el marcador se tornara a su favor. Así fue como el amistoso terminó dando por ganadora a la selección chilena con 3 a 0, le fue imposible contener los deseos de celebrar y Terry aceptó que era natural y más que eso, obvio y merecido, celebrar, más aun estando tan lejos de su patria. He aquí un gesto muy importante y destacado de los ingleses, quienes la felicitaron e incluso estrecharon sus manos, comentando que los jugadores chilenos eran muy buenos y que de hecho había varios en el fútbol europeo e inglés, mencionando con alegría y admiración a Arturo Vidal, Mauricio Islas, Gary Medel y obviamente a Alexis Sánchez. Y a los argentinos Messi, Gonzalo Montiel y Sergio Agüero, aunque tampoco faltó el despistado que nombró a Messi y Ronaldinho como jugadores chilenos, causando la risotada de todos.

A propósito de fútbol, es común que los estudiantes amantes de este deporte, traigan entre su lista de actividades y sueños por hacer realidad, ir al estadio a disfrutar viendo jugar a uno de sus jugadores favoritos o connacional; sin embargo, para hacer realidad este sueño, se debe comprar el ticket, con varios meses de antelación, de lo contrario será imposible acceder a un asiento en alguno de los estadios más famosos del Reino Unido, como son el de *Wembly, Emirates, Stamford Bridge, Tottenham Hotspur* y *London Olympic Stadium*. Además, para muchos, es un gran sueño el solo hecho de acceder al recinto deportivo del equipo de fútbol de su preferencia o donde juega su ídolo del balón pie, resultando ser una experiencia extraordinaria; por ejemplo, visitar el estadio de *Manchester City* o el de *Arsenal*, ¡guau!, es que será la envidia de todos sus amigos futboleros.

Además, varios equipos de la Premier   League, que es como se llama la liga inglesa, también juegan la *Champions League,* incluso el Campeón de la temporada 2020/2021 es un equipo de Londres (Chelsea), por lo que los amantes del fútbol que vayan a estudiar a la capital británica también pueden tener la oportunidad de ver no solo a las grandes estrellas del fútbol mundial que juegan en la liga inglesa como *Cristiano Ronaldo, Harry Kane, Mohamed Salah, Kevin De Bruyne* y otros, sino también a los grandes futbolistas que compiten en otras ligas europeas como *Messi, Neymar, Alexis Sánchez, Arturo Vidal, Mbapé, Lewandowski,* etc. cuando sus equipos desafíen a sus pares ingleses.

Volviendo a la experiencia futbolística de Esmeralda en *Wembley Stadium,* durante todo el trayecto de regreso a casa se fue gritando y llevando su bandera en alto, recibiendo las felicitaciones de la gran mayoría de los fans de la selección inglesa, aunque algunos la miraban con sana envidia.

• Leer en inglés:

Algunas recomendaciones para apoyar, agilizar y reforzar las clases y aprendizaje del idioma, es leer lo más que lo más que se pueda en inglés, empezando por cambiar el idioma del teléfono móvil al inglés; al principio costará un poco y hasta podrá resultar raro, sin embargo, al cabo de una semana ya se manejará como si fuera su idioma natal. ¡Ah!, lo ideal sería hacerlo antes de emprender viaje a Londres. Leer y escribir en inglés todo lo que haya que leer y escribir, será de gran ayuda, obviando y guardando las proporciones, ideal y muy efectivo resulta hacer y practicar una rutina diaria como por ejemplo: iniciar el día viendo las noticias en la televisión, usar subtítulos facilita entender e ir asociando el sonido con las palabras escritas hasta que se afine el oído, pero, ojo, que quede claro, subtítulos en inglés, no en la lengua materna. Del mismo modo, ver películas en inglés subtituladas en inglés; hojear los diarios gratuitos que se distribuyen cada día en las estaciones de tren también ayudará a familiarizarse con el idioma y mantenerse informado de lo que está sucediendo, además son muy atractivos y de fácil lectura, al estar repletos de publicidad, eventos y actividades por realizar, siendo muchos de ellos gratuitos y al aire libre, en parques y plazas como *Trafalgar Square,* donde es habitual que se realicen eventos y celebraciones de gran connotación para los británicos como así mismo de interés internacional y carácter intercultural, generalmente son eventos gratuitos aunque, con acceso restringido por temas de seguridad: al alcanzar la capacidad máxima de asistentes, se cierran las puertas/vallas de acceso y se trabaja *"one out one in",* es decir, uno sale y uno entra.

● Hablar e interactuar con ingleses en su cotidianidad:

Otro *TIP* muy importante para contribuir y reforzar el aprendizaje del inglés, y en particular agudizar el oído, es que cada vez que se tenga la oportunidad de interactuar con una persona de habla inglesa, idealmente nativa, se debe aprovechar de conversar con ellos, por ejemplo en los negocios o cuando se compren los tickets del autobús o tren (llamado tradicionalmente *"tube"*), aunque casi todo está mecanizado, en fin, cuando se requiera de información para acceder a algún lugar determinado, en el supermercado o al comprar un café, mejor aún si coincides con un nativo de habla inglesa, porque es bastante diferente la pronunciación de un auténtico inglés a la de un extranjero que aprendió a hablar el idioma, incluso habiendo nacido en tierras británicas, porque adquiere de forma natural el acento de sus padres. Bueno, y de qué hablar con ellos, puedes hablar de mil cosas, ¡ah!, los ingleses tienen tres temas infalibles para conversar con los que atraerás su atención e interés: *"Weather, Football & Beer"*, clima, fútbol y cerveza, por ejemplo y de seguro, que más de un inglés, al darse cuenta de que eres brasileño, de inmediato empezarán a hablar de fútbol y de los jugadores brasileños más famosos y conocidos a nivel mundial, cautivando su interés y siendo una gran oportunidad para extender la conversación y así poder practicar inglés británico. En el caso de los estudiantes de habla española, le dirá sonriendo en español:

—Hola, dos cervezas, por favor, muchas gracias.

Es la típica y primera frase que aprenden en español, por su costumbre de veranear en las islas Canarias, por otra parte, la gran mayoría comenta que para ellos no es necesario aprender a hablar otro idioma, porque donde quiera que vayan, se encontrarán con personas que los reciban y atenderán comunicándose en inglés, empezando en los aeropuertos, hoteles y restaurantes, pudiendo disfrutar de unas maravillosas vacaciones en el extranjero sin que les haga falta, hablar el idioma del país en que se encuentren.

El aprendizaje y dominio del idioma inglés, es una realidad cada día más generalizada, los niños desde sus primeros años de vida empiezan a familiarizarse con el inglés en forma natural, a través de sus juguetes y los dibujos animados y películas que ven en la televisión y la música que escuchan sus padres. Aunque también, y felizmente, el español está siendo más hablado a nivel mundial y adquiriendo un lugar preponderante entre las tres lenguas más habladas del mundo, por lo que se ha incorporado como asignatura obligatoria en el currículo de los estudiantes de habla inglesa, al menos en algunos colegios del Reino Unido, aunque en su mayoría deben elegir entre varios idiomas posibles como el alemán, el francés o el italiano.

- **Tres palabras nuevas cada día, construir frases y usarlas:**

Aprender como mínimo tres palabras nuevas cada día es una excelente estrategia para incrementar rápidamente el vocabulario, además de todo lo que se aprenda en las clases de inglés. Sin embargo, el secreto está en crear frases y usarlas durante el día, las palabras sueltas se olvidan con facilidad, lo efectivo es aplicar el nuevo vocabulario en frases del diario vivir resultando ser más fácil recordarlas, más aún al aprender tres palabras de un mismo tema y que estén relacionadas, pudiendo usarlas en una misma frase. Por ejemplo, las tres palabras para aprender en un día son: tiempo, pañuelos e impermeable:

Weather = tiempo

–*Good morning, the weather is lovely today. Isn't it?*

(Buenos días, el tiempo hoy es encantador, ¿no es así?).

–*Mmmm, yes, however the weather is changeable and it can rain anytime.*

(Sí, sin embargo, el tiempo es cambiante y puede llover en cualquier momento).

–*So, enjoy the sunny days as much as you can, remember you are in England.*

(Disfruta los días soleados tanto como puedas, recuerda que estás en Inglaterra).

Tissue = pañuelo de papel

—I need a tissue; I have a runny   nose.

(Necesito un pañuelo, tengo romadizo).

—¡Oh no, my darling! Here there is a tissue box, take it please.

(¡Oh, no, mi querida! Aquí hay una caja de pañuelos, tómalos, por favor).

—You are so kind, thank you so much for the tissues.

(Tú eres muy amable. Muchas gracias por los pañuelos).

—Where can I buy more tissues?

(¿Dónde puedo comprar otra caja de pañuelos?).

Raincoat = impermeable

—You must wear a raincoat. Yes, I think so.

(Tú necesitas usar un impermeable. Sí, eso pienso)

— Sorry, I don't have any, the raincoats are too expensive for me.

(Lo siento, no tengo ninguno, los impermeables son muy caros para mí).

— Don't worry, you can get one in a Charity Shop. Yes, even for 5 pounds, you can buy a beautiful raincoat and, per 1 pound, a box of tissues.

(No te preocupes, tú puedes conseguir uno en un *Charity Shop*. Sí, por solo 5 libras esterlinas puedes comprar un hermoso impermeable. Y por 1 libra una caja de pañuelos).

¡Ah!, otra cosa súper importante a tener presente y considerar, es que existen una infinidad de palabras que se escriben igual, pero tienen diferentes significados, y solo podrás darte cuenta de su uso correcto, considerando el contexto en que se emplean. Para mayor claridad y siguiendo el ejemplo anterior:

—*Tissue,* además de significar pañuelo, también es tejido, que puede ser muscular o un tejido a agujas.

—*Weather*: además de referirse al tiempo, significa clima, periodo, hora, etc.

Y ni hablar de la palabra fine: bien, fino, multa, estar bien, etc.

• Ayuda de memoria:

Escribir en pequeños papelitos tipo *stickers*, hacer cartelitos e incluso escribir en los espejos del baño y dormitorio, el nuevo vocabulario que se vaya adquiriendo a diario, resulta ser una excelente estrategia y hábito, mejor aún si se escribe una frase, por pequeña que sea.

TIP N° 4

Algunas posibilidades y estrategias para estudiar inglés gratis en Londres

Estudiar inglés gratis en Londres puede ser una realidad, es absolutamente posible estudiar inglés gratis en Londres, sí al existir una variada y extensa posibilidades de hacerlo. Es una gran oportunidad, en especial para quienes sueñan y necesitan aprender a hablar inglés y no disponen de los recursos económicos necesarios para ello; es tan solo cosa de atreverse y decidirse a viajar a la capital británica, siendo fundamental disponer de pasajes aéreos y seguro de viajes, aunque si es una de esas personas afortunadas en esta vida, puede que hasta viaje gratis, como aquellas personas que han tenido la gran fortuna y suerte de que una generosa familia le ha comprado los pasajes (ya conocerá este *TIP*). Es de todo punto, recomendable viajar con dinero suficiente para movilizarse los primeros días o en caso de algún imprevisto, antojo o tentación, y de que las hay si las hay y muchísimas, pues será casi imposible resistirse a ellas a no ser por falta de dinero.

Bueno, aquí va otro *TIP* de **La Novia Peregrina** para estudiar inglés gratis en Londres:

a).- Intercambios de estudiantes:

Entre las posibilidades y alternativas para estudiar gratis inglés en Londres, la más clásica son los intercambios estudiantiles, existen varias organizaciones a nivel mundial que ofrecen este servicio, como:

- ✔ **EF** (Intercambios estudiantiles a Estados Unidos)

- ✔ **LAE** (Intercambios estudiantiles al extranjero)

- ✔ **NACEL** (Aprender varios idiomas además de inglés. Intercambio escolar)

- ✔ **AFS Intercultural** (Programa de intercambio para jóvenes)

- ✔ **Rotary** (Intercambio de estudiantes)

- ✔ Entre otros tantos programas.

77

Programas donde un joven estudiante de secundaria se traslada a estudiar inglés u otro idioma al extranjero, siendo recibido por una familia anfitriona que lo incorporará a su familia como si fuera su propio hijo, tratándolo con los mismos derechos, privilegios y responsabilidades que cualesquiera de los otros miembros de la familia, a cambio de que sus padres reciban a otro estudiante en su hogar y país de procedencia, quien viaja con el mismo objetivo: vivir un intercambio cultural y aprender el idioma. Por ejemplo, al viajar de un país de Sudamérica a Londres con el objetivo de aprender a hablar o mejorar y reforzar el nivel de inglés, y el joven de intercambio que viaje a al otro país, ocupará su lugar en su hogar, dormirá en su cama, irá a su mismo colegio, compartirá con sus amigos y hasta usará sus cosas personales, se sumergirá en su cultura y lengua materna, incrementando su nivel de dominio del español, mientras que el otro joven, se empapará de la cultura inglesa. Ambos jóvenes son incorporados a un establecimiento educacional, insertándose en un curso similar al que estaba cursando en su país de origen, teniendo la gran oportunidad de compartir con jóvenes de su misma edad e intereses y aprender la cultura y el idioma. El sistema de estudios será exactamente igual que el resto de sus compañeros de clases, excepto que recibirá clases adicionales del idioma para reforzar su aprendizaje y así facilitar y hacer placentera su experiencia de estudiante de intercambio.

Los intercambios estudiantiles son absolutamente gratis, no se paga estadía, alimentación ni colegio, y lo más importante: las clases de inglés son absolutamente gratuitas y se vive inmerso en la cultura anglosajona, hablando a diario en su lengua, por lo que sí o sí se aprende a hablar el inglés, y se empapa de la cultura, tradiciones y formas de vida cotidiana. ¡Maravilloso! Salvo el financiamiento del costo de los pasajes y el seguro de viajes, además de dinero para el bolsillo. ¡Ah!, probablemente, todo lo que quiera hacer será financiado por "sus padres de intercambio" (los que deberá llamar papá y mamá), dinero para una excursión, tickets para un concierto y una serie de actividades de recreación y turismo, entre otras.

b).- Becas de estudiantes y pasantías:

Son becas de estudio y perfeccionamiento para estudiantes universitarios y profesionales jóvenes con una carrera de base, quienes optan por acceder a un magister o doctorado; sin embargo, uno de los requisitos de los postulantes es tener dominio del inglés, siendo esta una alternativa y estrategia para validar tus conocimientos del idioma, reformarlo, tratar de adquirir la entonación británica y empaparte de su cultura. Las universidades, tanto la de procedencia como la del Reino Unido, o el gobierno de tu país, financia el 100% de los gastos, abarcando pasajes, estudios, estadía y alimentación, e incluso con tu pareja e hijos, en el caso de que el estudiante sea casado o tenga pareja e hijos. En el caso de los profesionales que están ejerciendo su profesión, se les paga en sueldo como si estuviesen trabajando.

Becas y pasantías gratis, sí, en general lo son, aunque algunas de ellas exigen hacer un mínimo de años de trabajo en un lugar y servicio determinado. En particular esto aplica para las especializaciones en salud, donde los profesionales vuelven a sus países siendo asignados a un lugar del territorio nacional donde se requiere de sus competencias profesionales en un servicio público de salud, por lo general alejado de las grandes urbes, como es el caso de los requerimientos de servicios de ginecólogos, otorrinolaringólogos, dermatólogos, entre otras especialidades. En tanto, otras becas permiten que el profesional devuelva al Estado el dinero invertido en su pasantía, y así es liberado de las responsabilidades asociadas. Y otras becas son absolutamente gratis sin ningún compromiso asociado, consideradas un estímulo al buen desempeño y carrera profesional.

c).- *Au Pair:*

Estudiar gratis inglés en Londres en calidad de *Au Pair,* es una excelente idea y una gran oportunidad, no solo de aprender, mejorar y reforzar tu nivel y dominio de la lengua inglesa, sino que tendrás el privilegio de vivir la gran experiencia de estar inmerso en la vida diaria y cultura de los londinenses. Sí, porque un *Au Pair* es un intercambio cultural y de perfeccionamiento del idioma entre una familia anfitriona y la persona que brinda el servicio de cuidado de los niños, los hijos de esa familia, a cambio de alojamiento y alimentación, en habitación individual con baño de uso personal o compartido con los niños, además de un pago semanal, llamado *pocket money,* dinero para el bolsillo. La idea del programa es que el *Au Pair* se integre y comparta las actividades cotidianas, pasando a ser parte de la familia. Cabe señalar que el programa existe en diversos países del mundo, por ende, el requisito de idioma será el del país que elijas para viajar y vivir la experiencia de aprender y/o mejorar un nuevo idioma.

Requisitos para ser un *Au Pair:*

- Para ser un *Au Pair,* en primer lugar, te deben gustar los niños y trabajar con ellos, porque pasarás muchísimas horas en su compañía; de lo contrario, podría ser una experiencia sumamente estresante.

- Tener entre 18 y 30 años, ser soltero y sin hijos.

- El género puede ser cualquiera, al igual que la nacionalidad.

- Dominio del inglés lo suficiente como para darte a entender y comunicarte con los niños y sus padres; si no lo hablas bien no te preocupes, porque ellos lo entenderán, más aún al ser uno de los objetivos del intercambio.

- La experiencia en el cuidado de niños no es necesaria, aunque es importante que indiques si has trabajado cuidando niños, sobrinos o trabajando en algún colegio.

- No se requiere un nivel educacional específico.

Responsabilidades de un *Au Pair:*

- Cuidado de los niños, desde levantarlos hasta acostarlos.
- Preparar desayuno y colaciones.
- Comer con los niños, es decir, desayunar y cenar juntos.
- Llevarlos y recogerlos del colegio.
- Llevarlos a las bibliotecas, sacarlos a pasear y a compartir con sus amiguitos: es una costumbre inglesa salir a caminar y llevar a los niños a los parques y a las áreas de juego llamadas *playground* a diario, incluso cuando está lloviendo.
- Ayudarlos con sus tareas, o al menos supervisar que las realicen.
- Ordenar sus dormitorios y sus cosas.
- Hacer el lavado y orden de la ropa de los niños.

Horario de trabajo:

- Se trabaja un promedio de 45 horas semanales, no más de 10 horas diarias.
- Un día a la semana de trabajo de *babysitter*, cuando sus padres salen.

- El día se inicia por lo general alrededor de las 07:00 de la mañana, asegurando tener el tiempo suficiente para preparar las colaciones y el desayuno, además de despertar y levantar a los niños, o apoyar a sus padres en esa tarea.

- Llevar a los niños al colegio, generalmente caminando, porque los colegios suelen estar en las cercanías del hogar. Los horarios de ingreso son entre las 8:30 y 09:00 horas.

- Recoger a los niños del colegio, entre las 15:00 y 15:30 horas.

- A las 20:00 horas se termina la jornada tras acostar a los niños.

Pagos y días de descanso:

- Como *Au Pair* tienes derecho a dos días libres a la semana.

- Los domingos son sagrados, es decir, siempre serán libres, y el otro día puede ser cualquier día de la semana que elijas.

- Tienes un fin de semana libre al mes.

- Los *bank holidays* son días libres, días feriados.

- *Pocket money* / dinero para el bolsillo, así se llama el dinero que recibes, es un pago mínimo semanal de entre 200 libras esterlinas y un máximo de 400, monto que varía entre una familia y otra dependiendo de su estatus socioeconómico, el número de niños a cuidar, la zona de residencia y las horas que trabajes.
- Las horas de trabajo extra, se pagan.
- Las familias no están obligadas a pagar una academia para que estudies inglés, sin embargo, muchas de ellas dan un bono de 500 libras esterlinas como apoyo del pago de las clases.
- Algunas familias te pagan una tarjeta de pasajes en el transporte público, tu teléfono móvil e incluso el gimnasio.
- Hay familias que incluso te financian los pasajes de ida y vuelta a tu país. Es cuestión de suerte y qué tan necesitados de un *Au Pair* estén, y por supuesto, de su solvencia económica.

Periodo de trabajo de un *Au Pair:*

- Depende de ti y de la familia anfitriona, si ambas partes están contentos y satisfechos, puedes ser la *Au Pair* de esa la familia por años; de lo contrario, el que esté descontento tratará de terminar el contrato a la brevedad posible.

- Es general que los jóvenes que desean trabajar como *Au Pair* lo hagan por un lapso relativamente breve, como el periodo de vacaciones, escolares o universitarias, o por seis meses, tiempo suficiente para impregnarte de la cultura inglesa en términos generales.

Cómo conseguir una familia anfitriona:

A través de internet, por la vía *Au Pair World*, una agencia o simplemente por *Facebook*. Hay una gran diferencia entre una y otra posibilidad, por ejemplo, a través de internet es gratis, pero en una agencia de *Au Pair* tendrás que pagar. El proceso de búsqueda dura aproximadamente dos meses hasta encontrarse, porque es una búsqueda mutua; luego se hacen las entrevistas y se llega a un acuerdo. Es importante que preguntes y aclares todas tus dudas y trates de negociar lo mejor posible, incluso esperar el momento más oportuno durante la entrevista y sondear si estarían dispuestos a pagarte los pasajes y la academia de inglés. Ten muy presente que son miles de familias las que buscan con desesperación un *Au Pair* y se están ahorrando muchísimo dinero al no pagar una *nanny* o cuidadora de niños, que en Londres son carísimas, se les pagan entre 400 a 600 libras esterlinas por semana, y en muchos casos no tienen *nanny* para el cuidado de sus niños, no porque no puedan costearlo económicamente, sino por la falta de disponibilidad de personas que deseen trabajar como niñeras.

1.- *Au Pair World:*

Au Pair World es una plataforma que permite la conexión entre las familias anfitrionas y las personas interesadas en brindar servicios en calidad de *Au Pair*. Para tener acceso a las familias que buscan un *Au Pair*, debes registrarte en la página de *Au Pair World* y hacer tu perfil, incluye fotos tuyas, descripción detallada de hobbies, qué te gusta hacer, qué estudias, por qué te gustan los niños; sería ideal que tengas experiencia de trabajo con niños, pudiendo ser incluso el cuidado de tus sobrinos, trabajos esporádicos de *babysitter, nanny,* en colegios, etc. Una vez registrada en su página *web*, puedes navegar y buscar una familia anfitriona.

Una buena noticia: en Londres hay miles de familias en busca de un *Au Pair*, así que es cosa de que te des el tiempo de revisar sus perfiles y preseleccionar aquella familia que más te acomode, llame la atención y responda a tus intereses. Les envías un mensaje dándoles a conocer que te encantaría trabajar para ellos y si ellas se interesan, tras leer su perfil, le contactará y concertará una videollamada, primero con la familia, y si todo anda bien, tendrás una segunda videollamada con los niños. Si ambas partes están de acuerdo se cierra el contrato y emprendes viaje a la capital británica a vivir tu sueño de estudiar inglés gratis y empaparte de la cultura inglesa, y qué mejor que estar en el seno de una familia con niños y todo lo que ello implica.

2.- Agencias para *Au Pair:*

Las agencias son una entidad intermediaria entre familias anfitrionas y *Au Pairs,* quienes son las responsables de recomendar y ubicar a la persona en una familia anfitriona. No se paga para acceder a la información de las agencias, en cambio los padres sí deben suscribirse y pagar una membresía. Las agencias se responsabilizan en cierta medida del *Au Pair,* asegurándole una buena familia; sin embargo, no siempre se da, las familias suelen omitir información y mentir, definen a sus hijos como niños muy educados y adorables, y a veces en la realidad se puede encontrar con niños muy difíciles de tratar, y resultan un verdadero desastre ante el que el *Au Piar* quiera salir literalmente arrancando, pero en general todo resulta bien, es cuestión de acostumbrarse y conquistar a los niños y a sus padres.

TIPS a considerar para ser un *Au Pair*

✓ Definir bien y de antemano las responsabilidades y trabajos a realizar, que deben ser exclusivamente relacionados con el cuidado de los niños, no de limpieza de la casa ni de hacer labores correspondientes o en beneficio de otros miembros de la familia, como lavar la loza, sacar la basura, asear los baños, sacar a pasear a la mascota o hacer las compras básicas de la semana como leche, pan y frutas.

✓ Asegurarse de tener la oportunidad de practicar el inglés, porque hay familias que buscan a un *Au Pair* para que les enseñen a hablar español a sus hijos y tengan con quién practicar.

✓ Es súper importante tener en consideración la edad de los niños, sería ideal que sus edades estuviesen entre los 5 y los 10 años, para que sea posible un intercambio cultural y practicar el idioma. Al hacerse responsable del cuidado de un bebé, no se aprenderá nada de nada.

✓ Determinar días de descanso y horarios de trabajo.

✓ Monto y fechas de pago, los pagos son generalmente en forma semanal.

✓ Beneficios extras, como un bono para el pago de las clases de inglés o de la tarjeta de transporte público, entre otros.

✓ Unirse a grupos de *Facebook* y *WhatsApp* de *Au Pair* será muy útil, en caso de dudas o frente a una emergencia, como el romper contrato con la familia anfitriona y no tener dónde ir. También es una buena estrategia para compartir y apoyarse mutuamente, contactarse y salir a pasear y turistear los días de descanso y fines de semana libres. Es una gran oportunidad de hacer amigos de todas partes del mundo, transformándose en una experiencia sumamente enriquecedora.

✓ Ideal sería tener la oportunidad de conversar con la *Au Pair* anterior, en algunos casos incluso es posible realizar un proceso de inducción con ella por un par de días o una semana.

✓ Elegir una familia inglesa ayudará muchísimo para adquirir la entonación del inglés británico y empaparse de su cultura y tradiciones.

✓ Disponer de una habitación de uso individual y exclusivo, es fundamental para mantener la independencia y descansar, en el caso de tener que compartir el dormitorio con los niños, lo más probable es que no se logre descansar, si se despiertan a mitad de la noche, requerirán atención y cuidados, desde ir al baño hasta querer comer algo, o darles compañía, consuelo y seguridad, en el caso que hubiesen despertado aterrorizados por una pesadilla.

✓ También existen los *Au Pair plus*, trabajan más horas y por ende ganan más dinero.

✓ Darse el tiempo suficiente para buscar una buena familia anfitriona, leer sus perfiles, es importante saber si tienen mascotas, si son fumadores, en qué zona de Londres viven, si viven en una casa o departamento, en qué trabajan, cuántos niños tienen y sus edades, dejarse llevar por la intuición, además del perfil y de lo que cuenten.

✓ Ver videos de *Au Pairs* en *YouTube*, conocer su experiencia servirá muchísimo, al igual que para disipar dudas y alumbrar la búsqueda. Tratar de comunicarse con ellas a través de sus páginas de redes sociales.

✓ Las familias solicitan documentos básicos, como pasaporte, ID, certificado de estudios y algún documento que les permita comprobar tu domicilio.

✓ Por último, es importante tener claro que el rol va a ser de una niñera barata, sin embargo, es la oportunidad de hacer realidad el sueño de estudiar inglés en Londres, accediendo a hospedaje y alimentación gratuitos y, por sobre todo, tener el privilegio de convivir con una familia inglesa, hecho que facilitará el aprendizaje no solo del idioma, sino también de la cultura y tradiciones anglosajonas.

✓ Un *Au Pair* no se clasifica como un trabajador en el Reino Unido, es decir, no rigen para ellos las leyes laborales. Por ejemplo, no reciben el sueldo mínimo fijado por el gobierno, no se consideran vacaciones ni leyes sociales o beneficios de cesantía.

✓ Es recomendable salir lo más que se pueda y aprovechar la oportunidad de conocer y disfrutar la estadía en Londres.

✓ Compartir lo más posible con la familia, permitirá practicar el idioma y su cultura, además de facilitar la integración y sentirse parte de ella.

✓ Uso adecuado del tiempo libre: es fundamental distribuir bien los tiempos entre el estudio y la diversión, compartir con los nuevos amigos y turistear, al igual que descansar, dormir y alimentarte bien, no solo cumplir en forma eficiente las responsabilidades como *Au Pair.*

Links y páginas *webs* a revisar para tu estrategia de *Au Pair:*

Páginas *webs:*

Página *web para ser Au Pair:* https://www.aupairworld.com/

Aupairworld: https://www.aupairworld.com/es

Aupiruk y Aupairlondon

The Au Pair group for London

https://www.facebook.com/groups/166629020026607

Grupo privado de *Au Pairs:*

https://www.facebook.com/groups/716305271740264

Au Pair en:

https://www.facebook.com/search/top?q=au%20pair%20in%20uk%20%2F%20england

Link de Au Pair World:

https://www.aupairworld.com/es/blog/brexit

https://www.primerempleo.com/kangarooaupair

Es una empresa dedicada a poner en contacto *Au Pairs* de diferentes países con familias que necesitan una ayuda extra en el cuidado de sus hijos.

Además, en YouTube hay disponible infinidad de videos sobre la experiencia de *Au Pairs* en Londres, sus recomendaciones y *TIPS.*

d).- Intercambio de jóvenes de Rotary Club:

Antes que todo, es importante saber que el *Rotary International* es una organización internacional y club de servicio voluntario, cuyo propósito es reunir a líderes empresariales y profesionales universitarios y no universitarios, con el fin de prestar servicios humanitarios en sus comunidades, promover elevadas normas de ética en todas las ocupaciones y contribuir a fomentar la buena voluntad y la paz en el mundo. Los clubes rotarios llevan a cabo proyectos para abordar los problemas del mundo actual, como por ejemplo: el analfabetismo, las enfermedades, la pobreza y el hambre, la falta de agua potable y el deterioro del medio ambiente, a la vez que fomentan la aplicación de elevadas normas de ética en sus respectivos campos.

La Fundación Rotaria es la entidad privada del mundo que otorga el mayor número de becas educativas internacionales, sufragando anualmente el intercambio de más de 1.000 becarios que cursan estudios en el extranjero y desempeñan el papel de embajadores culturales.

Mediante el intercambio de jóvenes construyen la paz una persona a la vez, siendo su lema de servicio humanitario en el mundo.

El programa ofrece a los participantes la oportunidad de aprender un idioma, descubrir otras culturas y convertirse en ciudadanos del mundo. Los clubes rotarios patrocinan Intercambios de Jóvenes para escolares de 15 a 19 años en más de 100 países, y obviamente en el Reino Unido de Gran Bretaña.

Los intercambios pueden ser a largo o corto plazo, los primeros duran un año, durante el cual los participantes asisten a escuelas de la localidad y se alojan con varias familias anfitrionas. En tanto, los intercambios a corto plazo pueden ser hasta por tres meses y se realizan, por lo general, durante las vacaciones escolares, y pueden adoptar la forma de campamentos, visitas guiadas o estadías hogareñas.

Los intercambios son absolutamente gratuitos, los participantes reciben alojamiento y comida, al igual que asistencia gratuita a las escuelas. Debiendo asumir, como todas las opciones de estudiar inglés en el extranjero, los costos de pasajes, seguro de viajes, tramitación de documentos y dinero para gastos personales.

El programa está dirigido a estudiantes de 15 a 19 años, que demuestran habilidades de liderazgo en el colegio y la comunidad. Para una mayor información, puedes comunicarte con el club rotario más cercano a tu domicilio.

e).- Intercambio entre personas de habla inglesa, con personas que dominan otros idiomas.

Hoy en día, gracias a internet y a la infinidad de redes sociales y plataformas de comunicación virtual, es posible acceder a contacto con millones de personas de todas partes del mundo, y es así como se pueden hacer intercambios para viajar, conocer, impregnarse de nuevas culturas y aprender un nuevo idioma a costo cero, sí, a costo cero, lo has oído bien, incluyendo estudiar inglés gratis en Londres. Bueno, con la salvedad de adquirir tus pasajes, seguro de viajes y algo de dinero para el bolsillo, el resto es cosa de estudiar, conocer mucha gente y pasarla fenomenal. Es muy simple, consiste en hacer un intercambio de casa con otra persona y se va a la aventura. Tal cual lo hiciera la protagonista de la película *The Holiday*, con *Cameron Díaz y Kate Winslet,* donde estando harta de la rutina, el agobiante estrés laboral y una desilusión amorosa decide irse de vacaciones a Inglaterra, haciendo un intercambio de casa con otra chica, y lo que sucede es increíble. Es posible ver la película en *Netflix,* muy parecida a la experiencia de Esmeralda, acá está el link, disfrute la película y anímese a vivir la aventura y hacer realidad el sueño de su vida: estudiar inglés gratis en Londres.

https://www.youtube.com/results?search_query=pelicula+Hollidays+Cameron+Diaz

¿Cómo conseguir ese intercambio tan soñado y prometedor?

Muy simple, solo se necesita hacer uso de tu laptop o teléfono móvil, conexión a internet y tiempo para navegar en busca del intercambio perfecto. Se puede colocar en el buscador de *Google, Facebook, YouTube* algo así:

✔ Hago intercambio con jóvenes que viven en Londres que deseen viajar a aprender español gratis a España, Chile, o portugués a Brasil, Portugal, etc. (Fundamental colocar el país de residencia)

✔ Busco intercambio cultural y de idioma en Londres.

✔ ¿Te interesaría viajar a estudiar español gratis a Chile/Argentina/Colombia/Venezuela/ etc., y además conocer su cultura, gozar de su maravilloso clima y la hospitalidad de su gente?

✔ ¿Qué tal unas vacaciones gratis en las maravillosas playas de Chile/Cartagena de Indias/ Río de Janeiro?

Con este tipo de preguntas es posible encontrar muchísima información, incluso links que direccionan la búsqueda a diferentes páginas y sitios web, siendo sorprendente la gama de alternativas y posibilidades que existen y ofrecen en las redes sociales, para hacer intercambios, reunirse con nativos, empaparse de su cultura, costumbres y tradiciones y por sobre todo, tener el privilegio de estudiar inglés gratis en Londres.

f).- Pasar una temporada en casa de una familia británica:

De una u otra forma, es posible que se conozca alguna familia inglesa que viva en Londres, incluso puede ser una familia coterránea que lleva años viviendo en Inglaterra, algún conocido o vecino con quienes sería posible contactarse y llegar a un acuerdo de pasar una temporada de vacaciones en Londres con el objeto de aprender o mejorar el nivel de inglés a cambio se le puede ofrecer una temporada de vacaciones en el país de origen, además de esmerarse en ayudar y colaborar en todo lo que sea posible durante la estancia en su hogar, desde ofrecerte a hacer las compras hasta sacar a pasear al perrito.

g).- Clases gratuitas impartidas en centro comunitarios, iglesias, bibliotecas, colegios, municipios, fundaciones y organizaciones de caridad, entre otras:

Efectivamente existe una infinidad de posibilidades de estudiar inglés gratuitamente en casi todos los sectores comunitarios de Londres, donde quiera que se vivas, siempre se encontrará un lugar donde se ofrecen clases de inglés gratuitas, impartidas por personas voluntarias, no solamente ingleses, existen personas de diferentes nacionalidades y un alto porcentaje de jubilados, dotados de un gran sentido altruista e infinita generosidad. Instancia que también será un excelente medio para conocer gente, hacerse de amigos, empaparse de la cultura británica y practicar inglés. Las clases en general son dictadas en horarios vespertinos, de lunes a viernes, y los fines de semana en diurno.

TIP N° 5

Cómo ubicar clases de inglés gratis en Londres

S í, ha leído bien, es absolutamente posible asistir a clases de inglés gratis en Londres. No son fáciles de encontrar, ya que no están anunciadas por todos lados, pero de existir, sí existen. Hay dos tipos de clases de inglés gratis:

a).- Clases impartidas por profesores en prácticas:

Son profesores de último año de la carrera de docencia de inglés, o que ya han terminado la carrera, quienes necesitan hacer un número determinado de horas en práctica de su docencia previo a titularse. Normalmente estas clases son impartidas en academias, generalmente son clases totalmente gratis o pagando una pequeña cuota de inscripción o depósito, los depósitos son una estrategia para asegurara la asistencia de los alumnos, una vez que finalizan las clases, se devuelve el 100% del dinero en custodia.

Algunas de las posibilidades de estudiar inglés gratis en Londres son:

✓ **Training 4TELF:** Academias ubicadas en el centro de Londres que ofrecen un curso de cuatro semanas de clases de inglés. La inscripción son 10 libras esterlinas, se requiere un depósito de 30 libras, las que se devolverán si el alumno asiste al 75% de las clases. Clases impartidas de lunes a viernes, a partir de las 13:45 horas. *Web: Training*

✓ **Oxford International:** Academia situada en Greenwich Londres. No hay nivel para principiantes, solo se requiere tener un nivel mínimo de inglés. Las clases empiezan a las 14:45 horas, se debe solicitar información y registrarse por email. *Web: Oxford International*

✓ **International House:** Esta academia ofrece un curso de bajo costo de una duración de cuatro semanas, sin embargo, no ofrecen nivel para principiantes, se exige un nivel mínimo de inglés. *Web: IHLondon*

✓ **Centros *WAES:*** Los centros *WAES* se encuentran en diferentes zonas de Londres y también ofrecen clases gratuitas de inglés. *Web:* <u>*WAES*</u>

b).- *Colleges:*

Los *colleges* son establecimientos educacionales donde imparten los cursos más tradicionales y exigidos para optar a estudios universitarios, visas o trabajos, entre otros, tales como:

✔ EFL: *English as a foreign language.* (Inglés como lengua extranjera).

✔ ESOL: *English for speakers of other languages.* (Inglés para hablantes de otras lenguas).

✔ IELTS: *International English Language Testing System.* (Sistema internacional de pruebas del idioma inglés de Cambridge).

Estos cursos son impartidos en *colleges*, centros subvencionados por el gobierno que ofrecen clases de inglés orientadas a personas interesadas en formar parte del mercado laboral.

Normalmente tratan temas generales y de actualidad, sociales, económicos, considerando un importante número de clases para conversación. Para matricularse, se requiere hacer una entrevista para saber el perfil exacto de la persona, y según su perfil le ofrecerán clases totalmente gratuitas o por un pequeño costo. Para esto lo mejor es buscar los *colleges* que impartan ESOL cercanos del lugar de residencia y probar.

TIP Nº 6

Intercambio de la práctica de idiomas en Londres: meetup

O tra opción para aprender inglés gratis en Londres, es pasar una temporada en la capital británica, para tener la oportunidad de conocer gente, socializar, practicar y así mejorar el nivel de inglés. Una buena opción es concurrir a uno de los locales donde se realizan *intercambio de idiomas*. Así, mientras se practica inglés con algún nativo, tendrán la oportunidad de aprender o mejorar el nivel del idioma del visitante.

Un punto súper interesante acerca del sistema *intercambio de idiomas*, es que casi todos estos eventos se realizan en un pub y de forma gratuita, por lo que además de practicar otro idioma y conocer gente, se puede disfrutar de una amena velada, bebiendo una de las tantas variedades de cervezas y *whyskies* de que están provistos la infinidad de bares que hay prácticamente en cada esquina y calle de Londres.

Para ser parte de estos encuentros de intercambio de idiomas en Londres, se debe revisar su *web*, página de *Facebook* o página en *meetup* donde confirman cada evento y donde inscribirse asegurando la asistencia.

✓ He aquí algunos *TIPS* de bares y lugares de encuentro de *meetup* en Londres:

✓ **Mammoth London Language Exchange**: se reúnen cada día miércoles y domingo en un bar en Leicester Square. Además, organizan eventos para visitar diferentes lugares, y otros eventos como picnics y paseos por Londres. Encuentros absolutamente gratis. Para mayor información y participar, ver: *Web | Meetup | Facebook*

✓ **Babble Language Exchange:** *The Wellington Pub,* ubicado en *Waterloo.* Ellos se reúnen todos los días domingos a partir de las 6:30 pm. Gratis. Para mayor información y participar, revisar: *Meetup.*

✓ **London Language Exchange & Social:** se reúnen a partir de las 3:00 pm los domingos, al lado de *Leicester Square.* Gratis. Más información: *Web.*

✓ **Euroclub Language Exchange:** exigen hacer miembro del grupo y pagar una cuota cada 6 meses. Más información: *Web | Facebook*

En la página *web* de *meetup* se pueden ver más eventos y grupos de intercambio de idiomas en Londres: *Meetup*. También sería interesante que echar una ojeada a la página *web conversation exchange*, funciona como una red de intercambio de idiomas y pone en contacto a gente que quiere practicar una lengua.

BONUS TIP

Responde con honestidad

el test de diagnóstico

El primer día de clases se debe rendir un test de diagnóstico, que tiene por objetivo conocer el nivel de inglés para referir al alumno al curso que corresponda. Responder en forma honesta, garantizará recibir las lecciones que se necesitan para avanzar al próximo nivel, quienes tratan de pasarse de listo y copian las respuestas de sus compañeros o responden al azar, con la suerte de acertar y lograr un puntaje que los evaluará y colocará por sobre el nivel que efectivamente dominan, lo pasarán muy mal, les resultará muy difícil entender y no podrán avanzar al ritmo de sus compañeros, los que sí están en el nivel correcto.

Si su interés en estudiar inglés es genuino y no es solo para obtener un certificado –requerido para optar a una beca de estudios, trabajo o tramitar una visa– es fundamental ser evaluado en forma correcta y acceder al nivel que efectivamente corresponde, es decir, si debe empezar de cero, lo tendrá que hacer en el nivel llamado *Beginner,* donde aprenderá desde el alfabeto seguido del verbo *"To Be",* que es la base de todo, y el avance dependerá no solo de asistir a clase, sino de estudiar y por sobre todo practicar, amén de las facilidades innatas para adquirir un nuevo idioma, entre más joven resulta más fácil y rápido el aprendizaje; en tanto que las personas adultas, tienen a su favor, que su interés por estudiar inglés es en forma consciente y más responsable —salvo excepciones como Esmeralda— motivados por lo general para mejorar su currículo vitae y por necesidades laborales, entre otras razones. Existe otro tipo de alumnos, que surgen a raíz y como consecuencia del traslado a vivir a un país de habla inglesa, donde sí o sí necesitarán dominar el idioma para insertarse a la nueva cultura que los acoge.

Ofrecen cursos de avance progresivo en inglés general, adaptado a estudiantes de todos los niveles, desde el nivel elemental hasta el avanzado —elemental, principiante, pre intermedio, intermedio y avanzado—, y además de los cursos de inglés generales e intensivos, existe una variedad de oferta de cursos específicos para rendir exámenes de bachillerato, cursos académicos, para ingresar a las universidades, al mundo laboral, programa de estudios y trabajo, hasta cursos premium y *"one to one* ", es decir, clases personalizadas de un alumno con un profesor. Respecto a los horarios, son flexibles, ofrecen jornada de mañana, tarde y vespertina, curso de una jornada e intensivos con clases durante todo el día.

Existen academias al alcance de todos los bolsillos.

En relación a los docentes, sería ideal tomar clases con profesores nativos. Chequear antes de matricularse, ¡ah!, algunas escuelas, incluso ofrecen una clase gratis y la oportunidad de visitar las dependencias, conocer el personal, equipo docente y alumnado, antes de matricularse.

English UK TEST

TIP N° 7

Equipaje, solo el necesario

No es necesario viajar con un gran equipaje, no cometa el mismo error que Esmeralda y tantos otros estudiantes y turistas, el de viajar con todo su clóset en las maletas.

Es suficiente viajar con lo esencial para vestir y algunos artículos de relevancia e importancia personal, como un par de zapatos o zapatillas cómodas y todo terreno, porque caminará muchísimo, un par de jeans es fundamental, la polera favorita, un polerón, un impermeable o casaca que proteja contra las copiosas y casi diarias lluvias y un cortaviento, y el pijama regalón, las medicinas que suele tomar habitualmente, como anticonceptivos y medicamentos de uso continuo, o las medicinas que no se pueden encontrar o comprar sin prescripción médica en el Reino Unido, como los antibióticos, pues en caso de que los requiera le salvarán la vida, y hablo en serio.

Puede además, llevar algunos alimentos que no encontrará en tierras anglosajonas, como por ejemplo, en un día frío, cuando esté extrañando el confort de su hogar, sufriendo la ausencia de su familia y amistades, vendrá muy bien servirse una barrita de sus chocolates favoritos, degustar un par de cucharadas de manjar y hasta preparar un exquisito pisco sour —en el caso de los chilenos y peruanos— Cargar con los ingredientes de su trago o plato favorito, será un verdadero festín, debido a que, en Inglaterra, no venden o es muy difícil encontrar y de alto costo, adquirir los típicos y exquisitos alimentos y licores con que se acostumbra disfrutar en el país de residencia. Aunque hoy en día, sí es posible encontrar una mayor variedad de productos típicos provenientes de todas partes del mundo, y efectivamente desde hace aproximadamente cinco años, es una realidad el hecho de adquirir varios productos y alimentos típicos de Sudamérica en locales y mercados latinos que existen en Londres, como así mismo en tiendas turcas y en los *Internacional supermarkets*, en estos últimos negocios se sorprenderá gratamente de encontrar alimentos perecibles, desde frutas y verduras, hasta alimentos congelados y lo más típico de diferentes países y continentes del mundo, por ejemplo, a Esmeralda le encanta comprar dulces turcos, galletas de champagne, manjar, quesillo fresco y paltas, entre otros alimentos que añora de su país y, aprovecha la oportunidad de probar y adquirir una gran variedad de alimentos provenientes de otras latitudes. Obviamente a precios más elevados, por lo que continúa siendo una gran tentación, al regreso de unas maravillosas vacaciones junto a sus seres queridos su tierra natal, querer volver con las maletas llenas de esas exquisiteces, sin embargo no es posible, por temas de aduanas, debiendo declarar los productos de origen animal y vegetal, entre otros prohibidos de ingresar al Reino Unido, los requisan y el infractor es sancionado con una amonestación verbal sí la falta es menor o primera vez, en el caso de ser residente y la falta es catalogada grave, recibe una cuantiosa multa e incluso en casos extremos hasta ser deportado y prohibirle el ingreso a las islas británicas. Evitar traer productos que están en la lista roja, es el mejor consejo y solo un par de alimentos que realmente no se puedan encontrar en Londres. Volviendo a Esmeralda, ella trae un par de barritas de sus chocolates favoritos llamados *Sahne-Nuss*, una botella de pisco sour y una caja de cerveza cristal, de esas con diseño tipo maleta que venden en el aeropuerto internacional de Santiago, regalo para su príncipe del Siglo XXI, complaciéndolo y teniendo muy presente que en su primer viaje a Chile, la probó y le encantó   la cerveza Cristal, al igual que a la mayoría de los turistas que viajan a Chile, productos que se compra en el *Duty Free* pasando a ser parte del equipaje de mano, sí este es otro super datito TIP a considerar: todo lo que se compra en la zona de embarque del aeropuerto, no afuera, se considera como equipaje de mano y su peso no cuenta.

En general, lo que más extrañan los latinos estando en tierras lejanas –aunque la misma situación deben vivirla la mayoría de las personas, independientemente de dónde provengan– es la comida y sus alimentos favoritos, incluso a pesar de estar un corto periodo de tiempo lejos de su hogar; aunque hoy en día se ha incrementado la oferta y lugares donde comprar los ingredientes, ya sean productos y alimentos para cocinar los platos típicos tan añorados, no obstante, la sazón y el sabor no son los mismos, debido a que es increíble que las frutas y verduras no tienen el mismo sabor, son desabridas, probablemente por la falta de buen clima y la calidad y/o diferencia de nutrientes de las tierras, y aunque se esmera por hacer la receta perfecta, siguiendo al pie de la letra cada uno de los pasos, medidas, tiempo de reposo y cocción, será imposible lograr el mismo sabor en el Reino Unido.

Esmeralda tiene varias experiencias al respecto. Mientras estudiaba inglés, se realizó una actividad de intercambio cultural, ocasión en la que cada estudiante debía llevar algún producto o comida típica de su país de origen. Sin embargo, la decepción y el desencanto de los estudiantes fue generalizada, tanto para los estudiantes que cocinaron como quienes esperaban con ansias servirse su comida típica, porque las comidas preparadas en Londres definitivamente no saben tan ricas como en sus países de origen; algunos lo atribuían a que nunca antes habían cocinado, otros alababan a sus madres comentando que no había persona en el mundo, que cocinará mejor su mamá, hipótesis que fue absolutamente descartada cuando la mamá de Esmeralda la visitó en Londres y le cocinó una suculenta cazuela –comida típica chilena preparada con trozos de carne, vacuno o pollo, papas, zapallo, porotos verdes, un trozo de choclo, (maíz nuevo en coronta) y un pequeña porción de arroz, ingredientes cocinados en bastante agua y sazonado con aliños como ajo, pimentón, orégano y sal, con el toque final de esparcir cilantro picado al momento de servir–, grande fue la decepción para Esmeralda y frustración para su madre, el sabor no era el mismo, sabia insípido y por más que trato de lograr la sazón perfecta, agregando más condimentos, fue imposible. El mismo resultado se repitió con otros platos que preparo y ni hablar de las sopaipillas –tipo de pan, masa a la que se le agrega zapallo y se fríe– también le quedaron desabridas porque el sabor del zapallo era soso, y para colmo, al no disponer de chancaca –tipo caramelo artesanal– trató de improvisar una con azúcar quemada y harina en el sartén, pero nada, fue una gran decepción, la cazuela tenía el sabor a sopa para enfermos y las sopaipillas quedaron paliduchas, como si hubiesen sido preparadas sin zapallo. En fin, cada día es más fácil abastecerse de aquellos alimentos que tanto se extrañan y el atreverse a cocinar las comidas favoritas suele ser muy común, incluso no teniendo el gusto por cocinar y el resultado no sea exactamente el mismo; he aquí un buen datito para hacerse de un dinerito extra para hacer acceder a una de la infinidad de tentaciones con las que se encontrará a cada paso que da por las calles londinenses, desde comprar suvenires, tickets para asistir al concierto de uno de sus artistas o bandas favoritas, disfrutar de un partido de fútbol europeo donde juegue algún futbolista de su país, ver un musical o realizar uno de sus viajes soñados fuera de Inglaterra.

Para reducir la nostalgia, un *TIP* muy importante a tener en cuenta en relación a la comida, es viajar sin prejuicios y miedo de probar la gastronomía británica, al ser una de las formas más efectivas y placenteras de empaparse de la cultura de cualquier

121

país. Y en el caso de la cocina del Reino Unido, aunque no es tan famosa como la francesa o la italiana, ofrece una gran variedad de platos deliciosos, tradicionales y económicos para disfrutar. De seguro tendrá la curiosidad por probar delicias como los *scones*, las mermeladas de fresa, el *English Breakfast*, *Sunday Roast Dinner*, *Apple Crumble*, y los famosos *Fish and Chips*, que no solo es la comida callejera más tradicional del reino, además es barata y abundante. Al ser Londres una ciudad cosmopolita, cuenta con una variada gama de restaurantes con oferta gastronómica de todo el mundo, excelente oportunidad para experimentar la cocina de otros países, como India, Tailandia, Turquía, países árabes, entre otros sin salir del Reino Unido.

Maleta TIP, independientemente de que viaje con equipaje liviano, procure hacerlo con un par de maletas lo más grandes posible, porque a su regreso las necesitará para colocar todo lo que vaya comprando e infinidad de regalos y *souvenirs* que acumulará día a día, no solo desde los shops de las históricas y turísticas calles londinenses e inglesas, sino de infinidad de otros países que tendrá el privilegio y la gran oportunidad de conocer. Despreocupe si no lleva ropa suficiente, es muy fácil reemplazar un viejo polerón por uno hermoso de las famosas y prestigiosas universidades de Cambridge y Oxford, que lo acompañaran y abrigaran durante los fríos y lluviosos días de invierno, en realidad siempre, en las islas británicas llueve prácticamente todo el año y en invierno suelen bajar las temperaturas a bajo cero. Así mismo, es posible reemplazar las poleras por camisetas de su equipo de fútbol o artista favorito y ni hablar de la infinidad de prendas de vestir y artículos con las fotografías, imágenes y símbolos de la familia real, como jokers, poleras, camisetas, bufandas, guantes, etc., y de souvenirs ni hablar, hay de todo, desde un lápiz con la bandera del Reino Unido hasta tazones con fotografías de los reyes de siglos pasados y presentes, La oferta de productos con fotografías de la princesa Diana de Gales es inmensurable e inagotable, en cuanto a variedad, calidad y precios, desde un simple llavero hasta loza fina de porcelana. ¡Ah!, y obviamente encontrará los símbolos emblemáticos de la cultura e historia británica, como el *Big Ben, London Eye,* los típicos buses de color rojo, taxis y casetas telefónicas artículos con diferentes diseños, materiales, tamaños y precios, desde una hasta cientos de libras esterlinas. No se sorprenda, si al final de su aventura, su par de maletas no darán abasto y excederán el peso permitido.

A todo esto, se estará preguntando, ¿y cómo me visto, de dónde saco más ropa, aparte de los polerones y poleras con motivos turísticos, si en Inglaterra todo es extremadamente caro? Bueno, sí, efectivamente, el nivel de vida de los británicos es baste más elevado que el de otros países, no solo en comparación con los países latinoamericanos sino del mundo en general; al ser un país desarrollado, el nivel de ingresos y el poder adquisitivo de sus habitantes son bastante superiores a cualquier otro país que no tenga el mismo nivel de desarrollo y estabilidad social, política y económica. Sin embargo, como en todas partes, hay de todo y para todos los gustos y bolsillos; para empezar, existen las famosas y extravagantes tiendas *Harrods,* que vienen a ser la *crème de la crème,* ofrece productos de primera categoría, exclusivos y diseñados por artistas y profesionales de gran prestigio a nivel mundial, destacándose la ropa, joyas, perfumes, artículos para el hogar, caracterizadas y famosas por su espectacular juguetería. Tiendas a las cuales solo pueden acceder clientes muy adinerados, aunque en las ofertas que realizan después de navidad, es posible tener la gran suerte de acceder a comprar alguno de sus productos a un precio razonable para un bolsillo medio, y quizás para un estudiante adinerado, o mejor dicho, suertudo, sí, porque todo lo que venden es extremadamente caro, ¡guau!,- es que ni se puede imaginar lo caro que son todos sus productos y artículos, los más baratos con un valor de 100 libras, y no es exageración, al su oferta de una exclusividad, finura, extravagancia y elegancia tal que sí vale su precio; sin embargo, hay zonas y tiendas donde los precios son normales y accesibles para todos los clientes, y obviamente para los estudiantes, como también algunos extremadamente baratos como los famosos *One Pound Shop,* donde podrá comprar artículos de aseo personal, de librería, belleza, alimentos, ropa interior y accesorios como bufandas, guantes y paraguas, y todo por una libra, aunque están incorporando productos de mayor precio, es decir, de 2 y hasta 5 libras, la calidad es básica y lo suficiente para pasar la temporada o salir del apuro.

También existe una infinidad de shopping center con una variada oferta de ropa y calzado, e incluso con tiendas conocidas a nivel mundial como *H&M,* y locales de venta de productos de bajo costos, como *Primark,* es una tienda de carácter internacional que vende ropa a la moda, productos de

Belleza y artículos de hogar, conocida por su *slogan: "Amazing fashion at amazing prices"*, "moda increíble a precios increíbles", sin embargo, la calidad no es la mejor, es ropa llamada *fast fashion*. Los *Charity shops,* de los que ya se habló, son una estrategia de negocios dependientes de fundaciones y organizaciones de caridad, abastecidos con artículos de segunda mano y algunos incluso nuevos, donados por la comunidad, la oferta va desde loza hasta muebles, pasando por ropa, libros y antigüedades. Todo es muy barato, es posible, por ejemplo, comprar un impermeable o chaqueta de cuero hasta por 5 libras esterlinas, e infinidad de artículos típicos de la cultura británica los que pueden ser un excelente y muy apreciada oportunidad de compra para colección o regalo, más aún si es amante de las antigüedades. En este aspecto, se sorprenderá con revistas y vinilos, entre ellos de los Beatles, un jarrón cervecero, hebillas de cinturones, artículos decorativos de la época del rey Enrique VIII o la reina Victoria, en fin, es cosa de ser un buen observador, agudizar la búsqueda y un poco de suerte. Ah, no se asombre si al cabo de algunos minutos en un *One Pound Shop o Charity Shop,* alucina viendo que todo es tan barato, que rápidamente llena sus manos y corres a buscar un canasto o carro para continuar con la gran oportunidad de comprar, pero al momento de pagar se da cuenta que ha consumido muchísimo más dinero del que jamás pensó gastar, e incluso hasta se le encendió la ampolleta viendo una oportunidad de opción de negocio. Sí, suele suceder, y como ve, su par de maletas están que revientan y ni hablar del exceso de peso.

Es fundamental revisar las normas aduaneras, respecto a lo que está permitido llevar y traer, hacia y desde el Reino Unido, además de las cantidades y posibles pagos de impuestos aduaneros. Efectivamente el viaje, tanto de ida como de regreso al Reino Unido, puede ser una buena oportunidad para hacer dinero extra con el conocido matute –venta ocasional y menor, a personas conocidas y amistades– productos que no se venden o es muy difícil de encontrar y demasiado caros, cada persona extraña lo típico de su país, cocina y tradiciones, por lo que hará furor con sus compatriotas en Londres vendiendo alimentos y artículos típicos y hasta la bandera de su país y la camiseta y gorro de tu equipo de fútbol favorito.

Para llevar y vender, la variedad y el atractivo de artículos es impresionante, siendo los más codiciados los souvenirs y todo un cuanto hay, con el símbolo de la familia real, la bandera del Reino Unido, las universidades de *Cambridge y Oxford,* los equipos de fútbol, no solo ingleses sino también europeos. ¡Ah!, y no se vaya a olvidar llevar tecito inglés.

TIP N° 8

Estar atento a las oportunidades de viajar, desde Londres, a cualquier parte del mundo.

Las oportunidades y facilidades para viajar y conocer, estando en Londres, son infinitas, empezando por recorrer la vieja e histórica Gran Bretaña, y no solo el mismo Londres, con las visitas imperdibles al palacio de *Buckingham,* al menos ver el cambio de guardia de palacio, o a la Torre de Londres, sino que Inglaterra en su conjunto, con sus ciudades universitarias de *Cambridge y Oxford,* tienen un cúmulo de historia, arte y cultura más allá de la vida universitaria.

Para empaparse con la verdadera cultura y tradiciones de los británico, viajar a lugares fuera de la ciudad de Londres, como *Cornualles/Cornwall,* le permitirá además respirar y disfrutar de la frescura brisa de playas maravillosas junto a un legado histórico y leyendas increíbles, con parajes de ensueño como donde fuera grabada la serie británica tan famosa *Poldark,* una historia sobre *Ross Poldark,* un minero con raíces aristocráticas que incursiona en la política para representar y defender a su gente; la mina *Poldark* es un gran atractivo turístico ubicado cerca de la ciudad de *Helston* en *Cornualles/Cornwall,* dentro del distrito minero de *Wendron,* patrimonio mundial del paisaje minero de *Cornualles/Cornwall y West Devon.*

La energía y la magia de las leyendas del rey Arturo, también llamado *Arturo de Pendragon,* y su criado, el hechicero Merlín, se respiran por donde quiera que vaya, más aún al estar presente su imagen en estatuas, nombres de lugares, bares y negocios y en suvenires por doquier. Se trata de un personaje de ficción proveniente de la tradición céltica, en torno al cual se han tejido numerosos mitos, leyendas y relatos. Desarrollaron distintas teorías sobre el hecho de que pudiera haber sido un rey real durante el Medievo temprano. Series que son la fascinación de Esmeralda, quien tras ver y disfrutar cada uno de sus capítulos, se fue a recorrer las tierras de las locaciones de ambos programas británicos, siendo una experiencia alucinante. Las playas más hermosas de Inglaterra están justamente en *Cornualles/Cornwall*, sin desmerecer las bellezas de *Sandbank* y sus alrededores. Así mismo, *Lands End*, es un territorio digno de recorrer y disfrutar.

¿O qué tal un viaje al pasado en un tren a vapor? Existen cuatro líneas de trenes a vapor y ferrocarriles en el oeste de Inglaterra, abiertos a los turistas durante el periodo estival que va de abril a octubre, iniciativa llevada a cabo por un grupo de entusiastas voluntarios, en su mayoría personas de avanzada edad, impregnados de un gran amor por el patrimonio y riquezas históricas de su vieja y amada Gran Bretaña, siendo los trenes más históricos el de *Somerset, Dorset, Devon y Cornualles*. Trenes a vapor con recorridos que contemplan la parada en estaciones de villas y poblados medievales, con calles y casas empedradas, al igual que capillas y templos construidos en piedra de una belleza arquitectónica deslumbrante.

Para visitar el resto de los países europeos las posibilidades son casi infinitas: por vía aérea, tren y cruzando el canal de la Mancha, también llamado *British Channel*. Los viajes turísticos más típicos son París, Ámsterdam, Roma, Venecia y Barcelona, tan solo por nombrar algunas ciudades emblemáticas del turismo europeo. Puede incluso volar aún más lejos y quizás hasta otro continente, sí, ¿por qué no visitar algún lugar soñado de Grecia, Japón, China, Israel y la tierra de Oz? Sería maravilloso tomarse una fotografía junto a un canguro en Australia o en la pirámide de Guiza en Egipto, como lo hizo Esmeralda. El mundo está al alcance de sus manos, para conocer y disfrutar de sus bellezas. Saber navegar en internet y tener un espíritu aventurero, son la clave para viajar a precios módicos a lugares impensables.

En fin, se enfrentará a una infinidad de tentaciones, conocerá lugares increíbles y tendrá a su alcance la posibilidad de adquirir lo que siempre ha soñado, conocer, palpar y visitar en terreno castillos, palacios, fortalezas, museos, atractivos turísticos y hasta oler las calles de la vieja, fría, enigmática y cautivante Gran Bretaña y mucho más, un sueño hecho realidad.

La clave de este *TIP* para viajar, es estar alerta a todo tipo de ofertas de viajes, ya sea en tren, buses llamados *coaches* –*Coaches* se les llama a los buses que se utilizan para viajes especiales y en general para viajes de turismo– y líneas aéreas, en especial a las ofertas de último minuto, acomodándose a los horarios fuera de lo habitual, como viajar a las 3 de la mañana y regresar a Londres a las 2 o 4 de la madrugada, horarios en que los trenes no operan, aunque los recorridos de la mayoría de las líneas de buses sí, haciéndolo durante las 24 horas del día los 7 días de la semana. La otra alternativa para llegar a las estaciones de trenes en Londres, opción muy usada especialmente por los jóvenes, por ser la más económica y segura, es simplemente sentarte cómodamente en el punto de llegada, aeropuerto, terminal de buses o ferri, y esperar hasta las 5 de la mañana, hora en que se inicia el recorrido de los trenes. También se cuenta con el servicio de *Uber y Cab* –Vehículos privados que realizan servicio similar a los taxis a precios muy económicos. –

TIP N° 9

Resumen de TIPS para aprender inglés

✔ **Hablar solo en inglés**: es algo que debe hacer desde el primer minuto en que pise tierras británicas e incluso antes, desde que se embarque camino a hacer realidad su sueño de estudiar inglés en Londres.

✔ **Dispositivos móviles en inglés**: antes de emprender viaje a la capital británica, asegurarse de cambiar todos sus dispositivos al inglés, teléfono móvil y Tablet, además de sus redes sociales, a objeto que la mente se vaya adaptando al nuevo aprendizaje del nuevo idioma.

✔ **Aplicación de traductor en inglés**: es fundamental bajar a su teléfono móvil una aplicación para traducir y escuchar la pronunciación en inglés, británico no americano, herramienta de gran utilidad para escuchar y repetir hasta lograr la correcta pronunciación. ¡Ah!, y no se preocupe si su entonación no es la misma que los británicos, es casi imposible adquirirla, pronunciación tan propia de los nativos ingleses al igual que la forma de hablar de cada persona en su lengua materna. ¿Por qué usar una aplicación y no recurrir a un sitio de internet? Porque en la aplicación queda registro de las acciones realizadas, pudiendo volver a ellas cuantas veces lo desees.

✔ **No traducir a su idioma**: debe hablar, responder y pensar solo en inglés, sin traducir y no desgastarse tratando de entender por qué algunas palabras no se dicen de la misma forma en su idioma, o por qué una misma frase puede ser mucho más pequeña o extensa. Son idiomas diferentes y formas distintas de hablar y expresarse para decir una misma cosa.

✔ **Evita los por qué**: hace años que dejó de ser un bebé y preguntar una y otra vez "¿por qué?, ¿por qué? y ¿por qué?", asimilar y punto, de lo contrario se estresará y agotará dificultando su proceso de aprendizaje, al mismo tiempo que los profesores evitarán darle la palabra en clase al darse cuenta de sus reiterados por qué.

✔ **Usar un diccionario en inglés**: crear el hábito de buscar el significado en inglés del vocabulario que no conoce, facilitará la incorporación y acelerará el aprendizaje del idioma, incrementar su vocabulario y en forma natural, irá aprendiendo a estructurar frases y usos de los conectores y preposiciones, además de mejorar su lectura y escritura.

✔ **Ayuda de memoria**: pegar en todos los lugares posibles, como en el baño, el dormitorio, la TV, computador, Tablet, teléfono, en la puerta e incluso en el techo de su habitación un pequeño papel tipo *sticker*, con aquellas nuevas palabras que le cuesta memorizar, será una excelente estrategia de ayuda de memoria al tenerlas presentes y leer cada vez que veas.

✔ **No se quede estancado por una palabra**: si desconoce su significado, basta con que entienda la idea general de lo que se está hablando, si entiende el tema de la conversación, escucha, estudia o lee, es suficiente para empezar a entender, practicar y aprender a hablar inglés.

✔ **Evitar reunirse y compartir con personas que hablan su mismo idioma**: porque aunque sea un alumno obediente y trate de respetar las indicaciones dadas por sus profesores, de hablar y comunicarse solo en inglés, incluso con personas que hablan su mismo idioma, no se dará ni cuenta cuando su subconsciente le traicione y se descubra pronunciando en su idioma aquella palabra que no puede recordar o no sabe cómo se dice en inglés, e incluso puede no darse cuenta cómo en forma automática pasa del inglés a hablar en su lengua materna.

✔ **Ver la televisión británica con subtítulos en inglés**: también ver películas y escuchar música en inglés. El objetivo es que su cerebro, mente y pensamientos actúen en conjunto y estratégicamente, bombardeando por todos los frentes con el idioma inglés, evitando escapatorias y aprovechando al máximo su oportunidad de aprender a hablar inglés.

✔ **Cantar en inglés**: le ayudará a mejorar la pronunciación al practicar y escuchar su voz, adquiriendo mayor confianza y mejorando su nivel de inglés. Teniendo presente y mucho cuidado, como bien lo recomiendan los profesores de inglés y los británicos, que las letras de las canciones de las canciones no siempre son correctas, es común que los artistas usen no solo contracciones de palabras, sino un vocabulario que viene a ser más bien de tipo jerga o modismos, los que pueden distorsionar su correcto aprendizaje.

✔ **Ansiedad y *homesick*:** es un sentimiento que inevitablemente vivirá, el de extrañar la comodidad y el confort de su hogar, sus amistades, afectos, comidas y hasta olores, en especial para el día de un cumpleaños, ya sea el propio o de algún ser querido, el día de la madre, navidad, celebración de fiestas patrias y ni que hablar de sus comidas favoritas y el clima.

✔ **Edad para estudiar inglés:** idealmente joven, la media de edad de los estudiantes de inglés es entre 16 a 25 años, luego profesionales jóvenes, siendo menos frecuente personas adultas y mayores, en particular mujeres que se trasladan con sus esposos a vivir en países de habla inglesa, profesionales de postgrados como magísteres y doctorados.

✔ **Tiempo:** es relativo, mínimo 6 meses, ideal uno o dos años, dependiendo de la base y facilidades que se tengan para aprender y adquirir otro idioma, sumados al grado de interés en aprender y el gusto el inglés.

✔ **Trabajar con visa de estudiante:** los estudiantes de jornada completa, tiene derecho a trabajar un máximo de 10 horas semanales, generalmente en servicios de hotelería y oficinas, realizando labores de aseo y garzón, además de niñeras, *babysitter*, *Au Pair*, nanny y cuidadores de niños en general.

Pensar y soñar en inglés

Empezará a dominar el inglés,

cuando se descubra:

¡¡¡Pensando y soñando en este idioma,

el inglés británico!!!

FELICITACIONES

Por decidirse a llevar a cabo su sueño:

Aprender INGLÉS,

GRATIS en LONDRES

Printed in Great Britain
by Amazon

74030175R00088